월터 브루그만의
복음의 공공선

월터 브루그만의

복음의 공공선

지은이 | 월터 브루그만
옮긴이 | 정성묵
초판 발행 | 2021. 10. 20
2쇄 발행 | 2022. 1. 6
등록번호 | 제1988-000080호
등록된 곳 | 서울특별시 용산구 서빙고로65길 38
발행처 | 사단법인 두란노서원
영업부 | 2078-3333 FAX | 080-749-3705
출판부 | 2078-3332

책값은 뒤표지에 있습니다.
ISBN 978-89-531-4094-3 03230

독자의 의견을 기다립니다.
tpress@duranno.com   www.duranno.com

두란노서원은 바울 사도가 3차 전도 여행 때 에베소에서 성령받은 제자들을 따로 세워 하나님의 말씀으로 양육하
던 장소입니다. 사도행전 19장 8-20절의 정신에 따라 첫째 목회자를 돕는 사역과 평신도를 훈련시키는 사역, 둘
째 세계선교™와 문서선교단행본 · 잡지 사역, 셋째 예수문화 및 경배와 찬양 사역, 그리고 가정 · 상담 사역 등을 감당
하고 있습니다. 1980년 12월 22일에 창립된 두란노서원은 주님 오실 때까지 이 사역들을 계속할 것입니다.

'나만을 위한 신앙'에서

────── '이웃과 공동체를 위한 신앙'으로

월터 브루그만의
복음의 공공선

월터브루그만 지음
정성묵 옮김

두란노

Contents

광야의 시기를 마주한 지금,
구약에서 답을 찾다

　이 책에서 나는 권위 있는 말씀으로서 성경이 교회의 신앙과 삶과 행동에 미치는 여러 영향을 탐구해 하나님이 원하시는 공공선(common good)을 향해 함께 나아가고자 한다. 현대인들이 성경의 텍스트를 이해할 수 있도록 해석하는 작업은 지금도 계속해서 진행 중이다. 이 작업은 무엇보다도 위험이 따르는 대담한 상상력을 필요로 한다. 이 작업을 한다는 것은 현대와 전혀 연결되지 않는 평면적이고 일

차원적인 해석에 머무르려는 안일한 여정을 거부 한다는 의미이다. 현재의 사회적 위기 속에서 나는 이 책의 주제로 돌아와 위험을 무릅쓰고 성경 해석을 시도했다(이 글을 쓴 날, 2020년 5월 25일에 미니애폴리스에서 경찰의 과잉폭력으로 질식사 당한 조지 플로이드(George Floyd)의 장례식이 휴스턴에서 열렸다). 현재의 모든 사회적 위기는 깊고도 복합적이며 다음의 세 가지 측면으로 빚어졌다고 할 수 있다.

- 현대의 과학으로 감당할 수 없는 코로나 바이러스
- 바이러스로 인한 경제 위기
- 경찰 공권력 남용을 비롯한 왜곡된 사법 시스템

이러한 세 가지 측면이 한데 어우러진 사회적 위기는 정치적 통일체(body politic)에 막대한 영향을 미치고 있다.

- 바이러스는 우리를 여러 가지 면에서 '취약하게' 만들었다. 우리는 그 위험을 아직 다 파악하지 못했다.
- 경제 위기로 인해 많은 사람이 삶의 터전 밖으로 밀려났다.
- 사법 시스템의 위기는 '분노와 두려움'을 일으켰다.

'취약성'과 '삶의 터전 밖으로 쫓겨남', '분노와 두려움'이라는 이 안타까운 사회적 현실에 관해서 생각하던 중 성경에도 비슷한 상황이 있다는 사실이 떠올랐다. 즉 이스라엘 백성이 애굽을 떠나 광야를 헤매던 상황이 이와 비슷하다. 그래서 이 위기 속에서 성경의 광야 내러티브를 살펴보는 것이 바람직하다고 판단했다. 이어지는 장들에서 광야 내러티브를 언급하기는 하겠지만 직접적으로 다루지는 않을 것이기 때문에 지금 자세히 다루고자 한다. 큰 위기와 책임을 마주한 지금, 광야 내러티브를 통해 현재의 경험을 조명해 볼 필요가 있다. 나는 광야 내러티브의 중심에 다음과 같은 세 가지 현실이 있다고 생각한다.

바로의 지배력을 벗어나 광야로…

이스라엘 백성이 애굽에서 광야로 탈출했다는 것은 '바로의 지배력이 미치는 곳 밖으로' 이동했다는 뜻이다. 바로의 통제력은 그 미지의 영역까지 미치지 못했다. 이는 노예였던 이스라엘 백성이 식량 독점을 위한 바로의 강압적인 요구들에서 마침내 해방되었다는 뜻이다. [1]

바로의 요구사항은 끝이 없었다(출 5장). 하지만 이제 이스라엘 백성은 더 이상 과도한 벽돌 생산 할당량을 맞출 필요가 없다. 근대나 현대로 치면 목화 솎아 내기 할당량이나 불합리한 고기 통조림 생산 할당량을 채울 필요가 없어진 것이다! 이스라엘 백성이 강을 건너 바로의 압제가 미치지 않는 광야로 들어서자마자 미리암을 비롯한 여성들이 소고를 치며 춤추고 다음과 같이 노래한 것도 무리는 아니다.

> 너희는 여호와를 찬송하라 그는 높고 영화로우심이요 말과 그 탄 자를 바다에 던지셨음이로다(출 15:21).

그들의 행동은 육체적 자유의 표현이었다. 그들의 몸이 오랫동안 과도한 일로 신음했기 때문이다. 이 자유의 노래와 춤에 관해 숙고하다가 '흑인들의 목숨도 소중하다'(Black Lives Matter)라는 커다란 황색 글씨들이 가득한 워싱턴 DC 거리에서 시위자들이 춤을 추는 광경과 너무도 흡사하다는 생각이 들었다.

워싱턴 DC 거리의 시위자들은 적어도 지금 이 순간만큼은 두려움과 탐욕에서 비롯한 미국 자본주의 약탈적 경제에서 벗어났다는 것을 감지한 것처럼 보였다. 그 옛날 미리암의 춤처럼 그들은 자유의 기쁨을 온 몸으로 표현했다. 비록 그들은 여전히 일거수일투족을 지켜보는 바로와 같은 자본주의 감시 하에 있었지만 말이다.

이스라엘 백성이 바로의 통제와 지배 밖으로 이동했다는 것은 더 이상 바로의 확실성과 예측 가능성에 의존할 필요가 없게 되었다는 뜻이다. 그 결과, 그들에게 광야는 위험 속으로 자유 낙하를 하는 상황처럼 느껴졌을 것이다. 바로가 주는 일거리가 없으면 어떻게 돈을 구할 것인가? 이런 이유로 이스라엘 백성은 광야로 들어가자마자 바로에게 돌아가기를 원했다. 이제 그들은 바로의 빵 공급이라는 확실성만 다시 얻을 수 있다면 자유를 포기할 수 있었다.

> 우리가 애굽 땅에서 고기 가마 곁에 앉아 있던 때와 떡을 배불리 먹던 때에 여호와의 손에 죽었더라면 좋았을 것을 너희가 이 광야로 우리를 인도해 내어 이 온 회중이 주려 죽게 하는도다(출 16:3).

지금 우리의 상황이 이와 비슷하다. 바로가 주는 일거리를 잃으면 삶에 큰 위험이 찾아온다. 팬데믹이 맹위를 떨치면서 시스템의 실패가 그 어느 때보다도 적나라하게 드러났고, 사람들은 소리 높여 변화를 촉구했다. 하지만 바로를 벗어나 광야로 향한 사람들로 하여금 위험을 직시하고 예전으로 돌아가기를 바라게 만들 수 있다. 광야는 더없이 기쁜 곳이지만 그곳에서 우리는 너무도 쉽게 불안해하고 안전한 옛날을 그리워하게 될 수 있다.

> 누가 우리에게 고기를 주어 먹게 하랴 우리가 애굽에 있을 때에는 값없이 생선과 오이와 참외와 부추와 파와 마늘들을 먹은 것이 생각나거늘 이제는 우리의 기력이 다하여 이 만나 외에는 보이는 것이 아무것도 없도다(민 11:4-6).

이스라엘 백성은 곧 새로운 환경에 질려 강압적인 옛 시스템의 규칙성을 그리워했다. 해방을 무질서로 느끼며 법과 질서만 강조하는 이들과 비슷하게 되었다.

광야는 새로운 환경이다. 따라서 새로운 건설적 생각과 행동이 필요하다. 몸이 해방된 상황인 광야는 새로운 사회 시스템을 위한 냉정한 사고와 과감한 행동을 필요로 한다. 강을 건너 자유의 땅을 밟는 것과 자유의 춤에 이어 그곳에서 생존 가능한 공동의 삶으로 나아가는 것은 다른 문제이다. 나중에 바벨론 유수 당시에도 광야와 같은 순간이 찾아온다. 그때도 이스라엘 백성은 성과 왕과 성전이 없는 새로운 세상에 서게 되었다.

> 너희는 집을 짓고 거기에 살며 텃밭을 만들고 그 열매를 먹으라 아내를 맞이하여 자녀를 낳으며 너희 아들이 아내를 맞이하며 너희 딸이 남편을 맞아 그들로 자녀를 낳게 하여 너희가 거기에서 번성하고 줄어들지 아니하게 하라(렘 29:5-6).

이스라엘의 선지자들은 예루살렘의 권위적인 체제와 바로와 같은 바벨론 제국의 통제 밖에 있는 삶에 관해서 시적 상상력을 발휘했다.

예를 들어, 이사야는 새로운 성을 상상했다(사 65:17-25). 예레미야는 은혜 충만한 새 언약을 선포했다(렘 31:31-34). 에스겔은 중심에 성소가 자리한 균형 잡힌 새 성을 그렸다(겔 48:1-35).

실제 사회적 현실이 이런 시적 상상과 전혀 다르다 해도 광야 거주민들은 바로의 강압 아래서 생각하거나 상상할 수 있는 것 너머를 상상하는 노력을 멈추지 말아야 한다. (예수님이 비유를 말씀하신 것도 같은 이유에서다. 예수님의 비유는 로마 제국의 통치라는 현실 너머를 상상하는 행위였다.) 우리의 바람과 달리 바로는 조금도 변하지 않았고 앞으로도 절대 변하지 않을 것이다. 그렇기 때문에 바로를 다시 받아들이지 말아야 한다. 그러기 위해서는 기쁨의 춤을 춘 이후, 상상의 행위가 필요하다. 바로는 계속해서 강압적이고 약탈적일 것이다. 광야는 새로운 세상을 상상하는 고된 작업을 필요로 한다.

광야에 쏟아진 하나님의 풍성함

바로의 곡물 독점 덕분에 애굽에는 식량이 꾸준히 공급되었다. 반면, 바로의 애굽과 달리 광야는 눈에 띄는 생명 유지의 원천이 없는 곳이다. 이스라엘 백성은 애굽을 탈출한 것이 너무 기뻤지만 막상 광야에 도착해 보니 생명 유지에 필요한 빵이나 고기나 물이 없었다. 광야가 가장 불안전한 곳이라는 사실을 깨닫는 데는 그리 오랜 시간이 걸리지 않았다. 얼마 있지 않아 일부 백성은 애굽으로 돌아가기를 갈망했다. 그곳에서 가혹한 압제를 겪어 놓고서도 그들이 애굽에 관해서 기억하는 것은 압제보다는 믿을 만한 식량 공급이었다.

> 어찌하여 여호와가 우리를 그 땅으로 인도하여 칼에 쓰러지게 하려 하는가 우리 처자가 사로잡히리니 애굽으로 돌아가는 것이 낫지 아니하랴 이에 서로 말하되 우리가 한 지휘관을 세우고 애굽으로 돌아가자 하매(민 14:3-4).

모세의 리더십에 대한 불평이 계속되었다. 그가 바로처럼 안정적으로 식량을 공급해 줄 수 없었기 때문이다. 해방된 노예들이 볼 때 광야에서의 선택사항은 죽음 아니면 바로에게 다시 복종하는 것이었다.

바이러스의 한복판에서 우리의 상황이 이와 비슷하다. 자본주의 경제 시스템에 참여해야만 생계에 필요한 수입을 얻을 수 있을 것처럼 보이기 때문이다. 따라서 '경제의 재활성화'라는 말은 애굽으로 돌아가려는 태도로 볼 수 있다. 우리가 의존하는 자본주의 시스템은 회귀 아니면 죽음 외에 다른 여지를 두지 않는 것처럼 보인다.

성경은 광야가 후하신 창조주 하나님의 통치 아래에서 생명 유지의 원천이 존재하는 곳이라는 사실을 보여 주는 두 가지 내러티브를 제시한다. 그 원천은 잘 보이지 않고 전통적인 형태를 띠고 있지도 않지만 분명히 존재한다. 우리에게 더 익숙한 출애굽기 16장의 기록을 보면 이스라엘 백성들의 불평이 모세의 리더십에 관한 것임을 알 수 있다. 하지만 모세는 그들의 불평을 자신에게서 여호와께로 전가시킨다(7절).

여호와는 그 불평을 듣고 넘치는 음식을 선물로 주심으로 반응하셨다. 먼저 고기용 메추라기들이 날아왔다(13절). 그 다음에는 빵이 찾아왔다. "광야 지면에 작고 둥글며 서리 같이 가는 것이 있는지라"(14절). 이 빵은 그들이 아는 것이 아니었다. 그래서 그들은 그 정체를 물었다. "이것이 무엇이냐?(만 후, man hu')"의 의미인 '만 후'가 '만나'(manna)로 변형되어 이 새로운 빵의 이름이 되었다(15절). 광야에 내린 이 특이한 빵의 이름은 질문이 응답되지 않은 결과였다. "이것이 무엇이냐?"는 모든 관념에서 벗어나고 기존의 모든 설명을 거부한다. 광야가 빵이 넘치는 곳으로 변하는 기적이 일어났다.

너희 각 사람은 먹을 만큼만 이것을 거둘지니 곧 너희 사람 수효대로 한 사람에 한 오멜씩 거두되 각 사람이 그의 장막에 있는 자들을 위하여 거둘지니라 하셨느니라 이스라엘 자손이 그같이 하였더니 그 거둔 것이 많기도 하고 적기도 하나 오멜로 되어 본즉 많이 거둔 자도 남음이 없고 적게 거둔 자도 부족함이 없이 각 사람은 먹을 만큼만 거두었더라(출 16:16-18).

하나님의 풍성한 공급은 위기 속의 불평에 대한 반응이었다! 다음 장에서는 하나님의 기이한 선물이 확장된다. 이제 물이 없었다. 광야는 메마른 곳이기 때문이다(출 17:2). 이번에도 모세의 리더십에 대한 불평이 잇따른다. 그리고 마찬가지로 모세는 불평을 하나님께로 전가한다. 그리고 하나님은 예상 외의 반응을 보이신다. "너는 그 반석을 치라. 그것에서 물이 나오리니 백성이 마시리라"(출 17:6).

여기서 '바위에서 나오는 물'은 '벼룩의 간'처럼 소량이 아니었다. 알고 보니 광야는 물이 넘치는 곳이었다. 이스라엘 백성은 바로의 공급 시스템 밖에서, 설명할 수 없는 방식을 통해 고기와 빵과 물이라는 생명을 위한 필수품을 공급받는다. 여호와가 다스리시는 광야는 생명 유지의 원천이 넘쳐나는 곳이다. 하나님의 풍성하고도 불가사의한 선물로 인해 이 사실이 밝혀진다.

두 번째 내러티브는 똑같은 광야의 위기를 다룬다. 민수기 11장에서 이스라엘 백성들은 또 다시 음식을 갈망한다. 매일 먹는 만나에 질린 것이 문제였다. 그런데 모세가 하나님의 편에 서서 변호하지 않는다. 그는 불평하는 이스라엘 백성의 편에 서서 함께 불평한다.

어찌하여 주께서 종을 괴롭게 하시나이까 어찌하여 내게 주의 목전에서 은혜를 입게 아니하시고 이 모든 백성을 내게 맡기사 내가 그 짐을 지게 하시나이까 이 모든 백성을 내가 배었나이까 내가 그들을 낳았나이까 어찌 주께서 내게 양육하는 아버지가 젖 먹는 아이를 품듯 그들을 품에 품고 주께서 그들의 열조에게 맹세하신 땅으로 가라 하시나이까 이 모든 백성에게 줄 고기를 내가 어디서 얻으리이까 그들이 나를 향하여 울며 이르되 우리에게 고기를 주어 먹게 하라 하온즉 책임이 심히 중하여 나 혼자는 이 모든 백성을 감당할 수 없나이다 주께서 내게 이같이 행하실진대

구하옵나니 내게 은혜를 베푸사 즉시 나를 죽여 내가 고난 당함을 내가 보지 않게 하옵소서(민 11:11-15).

모세는 불가능해 보이는 자기 리더십의 역할에 지칠 대로 지쳤다. 그는 하나님이 자신을 충분히 뒷받침해 주지 않으셨다는 투로 불만을 토로한다. 이번에도 여호와는 모세의 절박한 요청에 응답하신다.

여호와께서 너희에게 고기를 주어 먹게 하실 것이라 하루나 이틀이나 닷새나 열흘이나 스무 날만 먹을 뿐 아니라 냄새도 싫어하기까지 한 달 동안 먹게 하시리니 이는 너희가 너희 중에 계시는 여호와를 멸시하고 그 앞에서 울며 이르기를 우리가 어찌하여 애굽에서 나왔던가 함이라(민 11:18-20).

이제 하나님의 응답은 후하고 은혜롭지 않다. 모세가 이스라엘 백성의 불평에 진저리가 난 것처럼 여호와 하나님도 이스라엘 백성과 모세의 불평에 진저리가 나셨다. 그분은 풍성한 고기를 약속하시되, 그 약속을 진노 가운데 하신다. 그리하여 그 고기는 호흡기 문제의 원인이 된다. 지금 코로나 바이러스가 일으키는 증상과 크게 다르지 않다. 이스라엘 백성은 메추라기 고기를 너무 많이 먹어서 그 고기만 보면 숨이 턱 막힐 지경에 이른다.

여기서 우리는 풍요의 한복판에서도 뜻밖의 문제가 발생할 수 있다는 사실을 확인하게 된다. 생물학적 원인이든 인간의 행동이든 하나님의 개입이든 어떤 원인으로든지 문제가 발생할 수 있다. 구조적 차별을 겪는 이들이 특히 큰 위험에 노출된다. 이 내러티브는 약속된 메추라기의 선물이 쏟아지는 장면으로 마무리된다.

> 바람이 여호와에게서 나와 바다에서부터 메추라기를 몰아 진영 곁 이쪽 저쪽 곧 진영 사방으로 각기 하룻길 되는 지면 위 두 규빗쯤에 내리게 한지라 백성이 일어나 그날 종일 종야와 그 이튿날 종일토록 메추라기를 모으니(민 11:31-32).

이것은 하나님의 선물이되 진노 가운데 주신 선물이었다. 결국 이 선물은 다툼과 파괴를 가져온다.

경찰 공권력 남용에 반대하는 시위에 대해서도 비슷한 결과를 충분히 상상해 볼 수 있다. 당장 실질적인 사회적 이익은 나타나지 않고 리더들 사이에서 '메추라기 싸움'(quail fight)만 지속될 수 있다. 물론 시위의 광야에는 선물이 가득하다. 하지만 이 선물들은 쉽게 익숙한 사회적 형태로 전환되지 않는다. 광야에서의 식량 위기는 새로운 형태의 공공선을 위한 삶을 상상하는 작업을 필요로 했다.

이 경우, 이스라엘 백성이 새롭게 상상한 공공선을 위한 삶의 형태는 안식일이었다(출 16:22-26). 이스라엘 백성이 안식일을 정기적으로 지킨 것은 생명 유지에 필요한 것들을 받는 입장에 있다는 인정의 행위였다. 그들은 그것들을 소유하거나 생산하지 않고 선물로서 받았다. 나중에 그들이 상거래를 위해 안식일을 어기자 큰 곤란이 따랐다(암 8:4-6 참조).

광야에서의 풍성한 식량 공급은 바로의 약탈적인 시스템과 융화될 수 없다. 광야에서 쌓아 둔 식량은 녹고 벌레가 먹고 악취가 나고 만다(출 16:20-21). 하지만 믿음의 상상력이 부족하면 광야에서도 바로의 경제와 사회적 관행을 답습하게 될 수 있다.

현재 우리의 상상력 부족도 착취와 약탈과 학대를 수반한 옛 형태의 삶을 답습하는 결과로 이어질 수 있다. 물론 실생활 속에서 새로운 방식을 도입하고 시행하는 것은 결코 쉽지 않다. 하지만 이것이 모세의 공동체를 비롯해서 바로의 압제에서 벗어난 삶을 원하는 모든 공동체에 요구되는 일이다.

생명 유지를 위한 광야의 선물들은 "가장 좋은 길"을 요구한다(고전 12:31). 바로의 길을 거부하는 자들은 세상 속에서 함께 살기 위한 변혁적인 방식을 상상하고 고안하는 일을 멈추지 말아야 한다.

결국 광야 백성들은 시내산에 도착한다. 거기서 그들은 바로 아래서와 다른 삶의 방식으로서 10가지 명령, 곧 십계명을 받는다(출 20:1-17). 이 명령은 다른 모든 것의 절대성을 부정하는 '하나님의 거룩하심'과 '이웃의 중요성'에 관한 것이다. 시내산과 그 이후 상황으로 볼 때 이 명령들은 바로와 상충한다. 바로는 하나님의 거룩하심을 거부하고 이웃 사랑의 중요성을 무시했기 때문이다. 광야의 음식에는 조건이 있었다. 이스라엘 백성은 광야에서 나와 약속의 땅으로 들어간 뒤 저장 가능한 작물들이 있는 곳에서도 광야의 원칙을 이어가야 했다.

> 그 땅의 소산물을 먹은 다음날에 만나가 그쳤으니 이스라
> 엘 사람들이 다시는 만나를 얻지 못하였고 그 해에 가나안
> 땅의 소출을 먹었더라(수 5:12).

이제 새로운 과제는 농작물의 추수가 보장된 환경에서 '만나의 삶'을 실천하는 것이다. 제임스 스콧이 국가 형성의 역사에 관한 책인 《농경의 배신》에서 말했듯이 곡식(을 비롯한 상품) 저장 능력은 '보관', '잉여 농산물', '생계'를 가능하게 할 뿐 아니라 불평등한 관계를 유지하기 위한 폭력을 낳기 쉽다. 광야의 기억이 희미해지고 광야에서의 믿음과 감사가 시들해지면 진정 새로운 사회로 가는 길은 다시 과거로 회귀한다.

광야를 걷는 백성의 불평을 들으시는 하나님

바로는 저항과 불만을 철저히 억눌렀다. 벽돌 공장, 고

기 통조림 가공 공장, 감옥, 요양소 등 그 어디에서는 불평은 허용되지 않았다! 바로는 우리에게 말없이 계속해서 일할 것을 요구하며, 우리의 침묵은 바로의 통치에 암묵적으로 동의하는 행위이다. 하지만 물론 저항과 불만을 영원히 억누를 수는 없다. 결국 폭발하게 되어 있다. "여러 해 후에 애굽 왕은 죽었고 이스라엘 자손은 고된 노동으로 말미암아 탄식하며 부르짖으니"(출 2:23). 한번 터진 불평은 걷잡을 수 없이 커져서 압제적인 권력자에게 큰 위협으로 다가온다.

이스라엘 백성이 광야에서 불평을 한 것은 전혀 이상한 일이 아니다. 광야는 분노, 좌절감, 요구, 희망이 뒤섞인 불만의 목소리가 시끄럽게 터져 나올 수밖에 없는 장소이다. 물론 광야에서의 불평은 고기와 빵과 물이 부족한 현재의 상황에 대한 반응이다. 하지만 바로에게 오랫동안 침묵을 강요당하며 살았기 때문에 불평의 소리가 더 강했으리라 짐작해 볼 수 있다.

광야에서의 이스라엘 백성은 마치 새로운 소리를 배워 끊임없이 반복하는 어린아이와도 같았다. 바로는 아무것도 요구하거나 불평하지 못하도록 이스라엘 백성을 길들여

왔다. 하지만 광야는 요구와 불평을 이끌어 내고 허용하는 곳이다. 이런 이유로 광야 내러티브는 불평으로 가득하다.

- 백성이 모세에게 원망하여 이르되 우리가 무엇을 마실까 하매(출 15:24).

- 아침에는 너희가 여호와의 영광을 보리니 이는 여호와께서 너희가 자기를 향하여 원망함을 들으셨음이라 우리가 누구이기에 너희가 우리에게 대하여 원망하느냐 모세가 또 이르되 여호와께서 저녁에는 너희에게 고기를 주어 먹이시고 아침에는 떡으로 배불리시리니 이는 여호와께서 자기를 향하여 너희가 원망하는 그 말을 들으셨음이라 우리가 누구냐 너희의 원망은 우리를 향하여 함이 아니요 여호와를 향하여 함이로다(출 16:7-8).

- 거기서 백성이 목이 말라 물을 찾으매 그들이 모세에게 대하여 원망하여 이르되 당신이 어찌하여 우리를 애굽에서 인도해 내어서 우리와 우리 자녀와 우리 가축이 목말라 죽게 하느냐(출 17:3).

- 나를 원망하는 이 악한 회중에게 내가 어느 때까지 참으랴 이스라엘 자손이 나를 향하여 원망하는 바 그 원망하는 말을 내가 들었노라 … 너희 시체가 이 광야에 엎드러질 것이라 너희 중에서 이십 세 이상으로서 계수된 자 곧 나를 원망한 자 전부가(민 14:27, 29).

광야에서 이스라엘 백성은 불만이 가득한 집단이었다! 이 내러티브에서 놀라운 사실은 하나님이 이 불평을 진지하게 듣고 응답하셨다는 것이다. 하나님은 이스라엘 백성의 불평에 고기와 빵과 물로 응답하셨다. 이렇듯 광야는 대화와 상호작용이 활발하게 이루어지는 곳이다. 권세를 지니신 분이 약한 자들의 필요에 귀를 기울이고 반응하시는 곳이다. '권세'와 '약함' 사이의 상호작용은 광야의 놀라운 현실이다. 바로가 다스리는 애굽과는 너무도 다르다. 완악한 바로는 불평을 조금도 듣지 않았고 약자의 모든 목소리를 무시했다.

코로나 바이러스, 경제 위기, 만연한 경찰 공권력 남용으로 인한 이 광야의 시기에 우리도 거친 불만을 터뜨리며 살고 있다. 모든 사람들이 각자 자신의 목소리를 높인다.

각계 각층의 사람들이 안타까운 압제와 잔혹과 버림의 현실에 처해 있는 사람들과의 연합을 주장하고 있다. 이렇게 약자가 큰 목소리로 자신을 주장하는 것이 현재의 새로운 사회적 현실이다. 바로처럼 더 이상 약자의 목소리를 완벽히 억누를 수 없다. 권력자들이 이 시기가 광야의 시기임을 깨닫고 진지한 대화와 상호작용에 참여할지, 아니면 더 강하게 목소리를 억누르고 압제를 펼칠지는 두고 볼 일이다.

광야 내러티브에서 하나님의 새로운 면을 엿볼 수 있다. 하나님은 약자와 소통하시는 분이다! 어쩌면 지금 우리도 사회의 힘 있는 자들을 새롭게 보게 될지도 모른다. 그들이 우리의 시끄러운 자기선포에 실질적으로 반응할지 모른다. 광야는 침묵하거나 침묵을 강요하는 곳이 아니다. 그런 곳이 되어서도 안 된다. 광야는 저항의 통로이다. 광야는 필요를 인정해 주는 곳이다. 광야는 희망의 통로이다. 우리 주위의 시위자들은 냉소주의나 절망으로 행동하지 않았다. 그들은 변화의 희망 안에서 행동했다. 광야의 이스라엘 백성이 하나님께 불만을 토로하면서도 그분에게서 오는 새로움을 희망했던 것처럼 우리도 행동해야 한다.

결국 약속의 백성은 약속의 땅에 도착했다. 하지만 그

곳까지 오는 여행은 광야를 건너는 여정이었다. 이 시대를 사는 우리가 끝까지 희망을 잃지 않고 묵묵히 광야를 지날 힘과 용기가 있을지는 두고 볼 일이다. 노예였던 자들이 그들과 기꺼이 상호작용해 주시는 하나님을 만날 일은 광야의 기적이다. 그 삶은 애굽의 바로 아래서의 삶과 너무도 달랐다.

광야 백성의 믿음은 윌리엄 윌리엄스(William Williams)의 익숙한 찬송가를 통해 기독교 전례 속으로 들어왔다.

전능하신 하나님, 나는 순례자이니
나는 심히 연약해도 주는 강하옵니다.
하늘 양식, 하늘 양식
먹여 주시옵소서, 먹여 주시옵소서.

수정 같은 생명수를 마시도록 하시며
불과 구름 기둥으로 나를 인도하소서.
나의 주여, 나의 주여
힘과 방패 되소서. 힘과 방패 되소서.

요단강을 건널 때 겁이 없게 하시고

저기 뵈는 가나안 땅 편히 닿게 하소서.

영원토록, 영원토록

주께 찬양하리라, 주께 찬양하리라.[2]

이 찬송가는 광야를 건너는 순례자의 연약함을 인정한다. 물론 광야를 다스리시는 하나님의 능력과 신실하심을 믿음으로 이 약함을 이겨 내야 한다. 하나님은 배고프고 지친 이에게 빵을 주시는 분이다. 또 위험과 노출의 장소에서 "불과 구름 기둥"으로 신실하게 인도하신 하나님이 그곳에 계시며 신실하시다는 사실을 절대 의심하지 말아야 한다 (출 13:21 참조). 마지막으로 약속의 땅, 곧 요단강가에 도착하는 순간을 노래해야 한다.

이 찬송가는 소망과 음식, 위험과 확신, 위협과 도착의 운율을 따른다. 지금 우리는 바로가 주는 옛 확실성이 거짓으로 드러난 광야의 시간을 지내고 있다. 아직 새로운 행복의 장소에 도착하지는 못했고 그날을 기대만 할 뿐이다. 지금 우리는 중간 지점에 있다. 물론 이 지점은 믿음이 결정적인 역할을 하는 장소이다. 신실하신 하나님이 새로운 선물을 주실 줄 믿는지에 따라 도착지가 완전히 달라질 것이다. 이 믿음은 예수님의 광야 여정 속에서 증명되었다. 악한 힘은 예수님이 소명을 버리도록 만들려고 했다. 그 시험 이후에 성경은 이렇게 기록하고 있다. "천사들이 나아와서 수종드니라"(마 4:11).

우리의 두려움이나 일반적인 생각과 달리 광야는 하나님이 온전히 다스리시는 곳이다. 하나님은 믿는 자들에게 필요한 순간 자비의 천사들을 보내 주신다. 바로가 깨닫기까지 시간이 걸릴지 모르지만 우리 사회는 이미 애굽을 떠났다. 다만 우리는 아직 새로운 행복의 장소에 도착하지 못했다. 우리는 위험한 믿음의 여행 중에 있다. 이어지는 장들에서 이 위험한 길을 위한 일종의 지도를 제시하고자 한다.

첫째, 불안의 문화에서 이웃 사랑의 실천으로 가기 위해 믿는 자들에게 필요한 여행을 보여 주는 텍스트로서 출애굽 내러티브를 살펴볼 것이다.

둘째, 삶과 죽음 중 하나를 택하라는 초대의 메시지로서 예레미야의 계시를 살펴볼 것이다.

마지막으로 현재 실패한 도시 경제 속에서 상실로부터 회복까지 나아가기 위한 믿을 만한 길잡이인 이사야서의 텍스트들을 살펴볼 것이다.

이 성경 텍스트들은 이웃의 생명을 위협하는 바로의 이데올로기를 거부하는 성경적인 방법을 제시한다. 이를 통해 교회의 사명을 깨닫고 용기를 낼 힘을 준다. 이런 해석적인 활동을 성령이 인도하신다면 교회, 그리고 교회가 책임진 자들의 상황이 완전히 달라질 것이라 믿어 의심치 않는다.

물론 이 길은 위험천만하다. 하지만 이 위험한 길은 신실하신 하나님의 통치 아래에 있다. 이런 확신은 바로를 떠나 눈에 보이지 않는 새로운 선물들을 받고 소망 안에서 상처와 슬픔을 소리 높여 표현할 용기와 자유를 선사한다.

2020년 6월 11일

월터 브루그만

Walter Brueggemann

chapter 1

광야가 주는 불안, "과연 이 길이 맞는 것일까?"

모두를 위한 삶,
'떠남'에서
시작된다

현재의 가장 큰 위기 중 하나는 '공공선'(公共善)의 위기이다. 가진 자와 갖지 못한 자, 부유한 자와 가난한 자를 공통된 운명 안에서 하나로 묶어 주는 공동체 의식의 위기이다. 공공선의 위기가 닥친 것은 공공선을 거부하고 공동체의 결속을 방해하며 공동의 운명을 부인하는 강력한 세력들이 있기 때문이다. 성숙한 사람들은 개인과 자신이 속한 파벌의 이익을 초월하여 인류의 결속을 추구한다.

이번 장에서는 공공선에 관해 생각하게 만드는 구약성경의 텍스트들을 살펴볼 것이다. 이는 결코 쉬운 일이 아니다. 구약성경에는 족장, 민족, 인종, 분파, 당파를 포함해서 공공선의 걸림돌이 가득하기 때문이다. 또한 인간과 하나님의 분노가 가득하다.[1] 그럼에도 성경 안에서 공공선의 문제가 대두된다. 성경은 우리가 배워야 할 공공선의 문제를 담은 가장 오래된 자료이기 때문이다.

다음과 같은 식으로 시작하고자 한다.

- 이 책에서 공공선으로 가는 여행은 이스라엘 백성이 바로의 종으로 노동을 하던 때부터, 거룩한 시내산에서 언약을 맺은 백성으로 변한 과정을 '기억하는' 여행이다.

- 이스라엘 백성의 기억 속에 각인되어 있던 이 여행은 각본이자 여행 일기가 되었다. 유대인들은 애굽의 착취에서 거룩한 산에 이르는 이 여행을 여러 세대에 걸쳐 반복해 왔다. 그들은 전례를 통한 상상, 무엇보다도 유월절의 상상을 통해 이 여행을 반복했다.

- 크리스천들도 유대인들과 함께 옛 기억에 뿌리를 둔 그 여행을 나름의 방식으로 하고 있다. 물론 크리스천들은 이 여행이 유대인들이 아니라 본래 자신들의 것이라고 착각하곤 한다.

- 크리스천들과 함께 유대인들은 '전체 인류'를 이 여행으로 초대한다. 이 힘든 여행은 유대인들의 열정이나 크리스천들의 감수성 이상의 것을 필요로 한다. 개인적인 이익과 당파적인 열정에서 벗어나 공공선으로 가는 여행은 모든 인간들이 가야 하는 여행이다.

이 책에서는 고대 이스라엘에서부터 계속해서 기억되어온 이 여행에 대하여 상술할 것이다. 이 여행을 역사적인 기억으로 다룰 것이다. 유대인과 크리스천들, 그들과 나란히 걷는 여행자들은 다양한 배경에서 이 기억을 전례로 구체화했다. 성경의 여러 텍스트들을 살필 것이다. 나는 이 여행에서 결정적인 순간들을 여러 차례 규명했다.

공공선을 위한 불안

이스라엘의 핵심 기억은 애굽의 바로의 지배 아래에서 시작된다. 옛 바로(구약성경의 실제 바로와 바로를 상징하는 인물들)는 공공선의 적이라고 할 수 있다. 바로는 자신의 소유욕을 넘어 공공선을 생각하지 못하는 막대한 힘의 소유자다. 바로는 복잡한 독점 체제의 전형이자 화신이다. 이 체제는 막대한 부와 함께 불안감을 낳는다. 이 불안감은 이 체제의 모든 차원에 영향을 미친다. 불안감은 다음과 같다.

첫째, 바로의 애굽은 고대 세상의 곡창지대였다. 이스라엘 역사가 시작되는 첫 장인 창세기 12장에서 보면 바로

는 이미 온 세상을 먹여 살릴 만큼 풍부한 곡식을 가지고
있었다.

그 땅에 기근이 들었으므로 아브람이 애굽에 거류하려고
그리로 내려갔으니 이는 그 땅에 기근이 심하였음이라(창
12:10).

곡창 지대인 나일강 유역(Nile Valley)이 많은 곡식으로
빵을 생산한 것은 자연스러운 일이었다. 빵이 필요했던 아
브라함은 안정적이고 풍족한 애굽으로 갔다.

둘째, 초강대국의 수장인 바로가 악몽을 꾸었다는 기록
에서 심한 아이러니가 포착된다. 그는 하루 종일 강한 모습
을 보인다. 하지만 밤에 잠이 들어 경계가 풀리자 강한 모
습은 사라지고 악몽을 꾼다. 모든 것을 가진 자가 불안정한
꿈을 꾼다.

바로가 요셉에게 이르되 내가 꿈에 나일 강가에 서서 보니
살지고 아름다운 일곱 암소가 나일 강가에 올라와 갈밭에
서 뜯어먹고 그 뒤에 또 약하고 심히 흉하고 파리한 일곱

암소가 올라오니 그같이 흉한 것들은 애굽 땅에서 내가 아직 보지 못한 것이라 그 파리하고 흉한 소가 처음의 일곱 살진 소를 먹었으며 먹었으나 먹은 듯 하지 아니하고 여전히 흉하더라 내가 곧 깨었다가 다시 꿈에 보니 한 줄기에 무성하고 충실한 일곱 이삭이 나오고 그 후에 또 가늘고 동풍에 마른 일곱 이삭이 나더니 그 가는 이삭이 좋은 일곱 이삭을 삼키더라 내가 그 꿈을 점술가에게 말하였으나 그것을 내게 풀이해 주는 자가 없느니라(창 41:17-24).

바로는 그 꿈의 의미를 알기 위해 힘을 기울이지만 온 제국의 지식층에서 그 비밀스러운 메시지를 해독할 수 있는 사람은 없었다.

마침내 그는 최후의 수단으로 감옥에 갇혀 있는 한 무명의 이스라엘 사람을 부른다. 이 고대의 내러티브에 따르면, 별 볼 일 없는 이 이스라엘 사람은 온 제국이 해독하지 못한 것을 해독할 능력이 있었다. 해석자 요셉은 그 꿈의 요지를 즉시 알아챈다. 그 악몽은 '부족함'에 관한 꿈이었다. 모든 것을 가진 자가 '부족함'에 관한 꿈을 꾼 것이다. 소들과 이삭들에 관한 꿈은 식량이 전혀 생산되지 않는 기근의 시기를 미리 보여 주는 꿈이었다.

셋째, 바로는 악몽의 해석에 따라 제국의 정책을 세운다. 이 내러티브의 독자로서 우리는 '악몽'이 '정책'으로 바뀌는 과정을 자세히 볼 수 있다. 바로가 행동 계획을 묻고 미천한 요셉은 식량 책임자(food czar)의 자리에 앉는다.

> 이제 바로께서는 명철하고 지혜 있는 사람을 택하여 애굽 땅을 다스리게 하시고(창 41:33).

복된 이스라엘 사람인 요셉은 뛰어난 해몽가일 뿐 아니라 탁월한 행정가였다. 그는 바로의 식량 정책을 충실히 수행한다. 바로의 정책은 식량을 독점하는 것이었다. 현재와 마찬가지로 고대 시대에도 식량은 무기이자 통제의 도구였다.

여기서 우리는 '악몽'에 근거한 '정책'을 볼 수 있다(창 47:13-26). 식량이 없는 농부들이 이제 고위급 애굽인이 된 요셉을 찾아와 돈을 내고 식량을 산다. 그리하여 바로의 중앙집권적 정부는 전보다 더 막대한 부를 쌓게 된다(창 47:14). 돈이 다 떨어진 뒤에도 농부들이 다시 찾아와 식량을 요청했다. 이번에 요셉은 바로를 위해 그들의 가축을 취했다. 다시 말해, 카를 마르크스(Karl Marx)가 말한 "생산 수단"을 빼앗은 것이다(창 47:15-17). 그 다음해에도 농부들은 식량이 없었다. 하지만 이제 돈이나 가축이 없었다. 결국 그들은 기꺼이 자유를 팔아 식량을 샀다.

우리가 어찌 우리의 토지와 함께 주의 목전에 죽으리이까 우리 몸과 우리 토지를 먹을 것을 주고 사소서 우리가 토지와 함께 바로의 종이 되리니 우리에게 종자를 주시면 우리가 살고 죽지 아니하며 토지도 황폐하게 되지 아니하리이다(창 47:19).

그로 인한 필연적인 결과는 다음과 같았다.

그러므로 요셉이 애굽의 모든 토지를 다 사서 바로에게 바치니 애굽의 모든 사람들이 기근에 시달려 각기 토지를 팔았음이라 땅이 바로의 소유가 되니라 요셉이 애굽 땅 이 끝에서 저 끝까지의 백성을 성읍들에 옮겼으나(창 47:20-21).

구약의 노예 제도는 강한 자들이 약한 자들에 대해 독점을 행하고 결국 그들의 육체까지 통제하면서 나타난다. 뿐만 아니라 이제 노예가 된 농부들은 자신들의 종속적인 지위에 오히려 감사한다.

> 그들이 이르되 주께서 우리를 살리셨사오니 우리가 주께 은혜를 입고 바로의 종이 되겠나이다(창 47:25).

이는 아이러니로 가득한 소름끼치는 이야기이다. 그런데 우리는 이 이야기에 충분한 관심을 기울이지 않는 경향이 있다. 우리는 야곱의 가족이 애굽으로 이주하여 목숨을 구한 일에만 주목한다. 공동체를 희생해서 소수의 부와 권력을 위해 시장을 조작함으로써 노예 제도가 나타났다는 사실에는 주목하지 않는다. 요셉의 내러티브를 읽을 때 우리는 창세기 45장 1-15절과 50장 20절에 기록된 하나님의 섭리에만 초점을 맞추고 어둡고 더러운 경제적 측면은 무시하는 경향이 있다.

바로의 내러티브에서 공공선에 관해 이런 잠정적 결론을 내릴 수 있다. "불안과 두려움, 특히 부족함에 대한 두려

움 속에서 사는 사람들은 공공선을 위해 투자할 시간도 힘
도 없다."

불안은 공공선을 위한 좋은 발판이 될 수 없다. 오히려
불안은 공공선에 해로운 정책과 착취적 관행으로 이어진
다. 불안은 공공선을 불가능하게 하는 탐욕을 낳는다. 두려
움에서 비롯한 국가주의는 좋은 정책의 출발점이 되지 못
한다.

불안에서 비롯한 공격적인 정책

창세기의 끝에서 우리는 타락한 사회적 상황을 보게 된
다. 사람들은 식량을 독점한 국가로부터 식량을 얻기 위해
자신들의 몸을 노예로 바친다. 이 상황 속에서 모든 사람들
이 불안에 시달리고 있다. 착취당하는 노예들도 불안에 빠
져 있고, 바로도 두려움으로 인해 자신의 것을 지키려고 애
쓰고 있다. 출애굽기의 내러티브는 '통제 욕구'와 '해방의
힘' 사이의 끊임없는 정치적·신학적 대결을 보여 준다. 옛
이스라엘 백성은 이 '해방의 힘'을 늘 출애굽의 하나님과 연

결지었다.

출애굽기에서 우리는 불안에서 비롯한 제국의 필사적이고 공격적인 정책을 여럿 볼 수 있다. 첫째, 출애굽기 5장에서 우리는 제국이 더 많은 생산을 위해 값싼 노동력을 쥐어짜는 지독하고 무자비한 착취의 시스템이라는 사실을 확인할 수 있다. 출애굽기 5장에는 값싼 노동자들에 대한 바로의 명령들, 견디기 힘든 노동 여건, 비현실적인 생산 스케줄에 관한 기록이 가득하다.

- 애굽 왕이 그들에게 이르되 모세와 아론아 너희가 어찌하여 백성의 노역을 쉬게 하려느냐 가서 너희의 노역이나 하라(출 5:4).

- 바로가 그날에 백성의 감독들과 기록원들에게 명령하여 이르되 너희는 백성에게 다시는 벽돌에 쓸 짚을 전과 같이 주지 말고 그들이 가서 스스로 짚을 줍게 하라 또 그들이 전에 만든 벽돌 수효대로 그들에게 만들게 하고 감하지 말라 그들이 게으르므로 소리 질러 이르기를 우리가 가서 우리 하나님께 제사를 드리자 하나

니 그 사람들의 노동을 무겁게 함으로 수고롭게 하여 그들로 거짓말을 듣지 않게 하라(출 5:6-9).

감독들은 이러한 요구 사항을 그대로 수행한다.

백성의 감독들과 기록원들이 나가서 백성에게 말하여 이르되 바로가 이렇게 말하기를 내가 너희에게 짚을 주지 아니하리니 너희는 짚을 찾을 곳으로 가서 주우라 그러나 너희 일은 조금도 감하지 아니하리라 하셨느니라(출 5:10-11).

감독들은 무자비했다.

감독들이 그들을 독촉하여 이르되 너희는 짚이 있을 때와 같이 그날의 일을 그날에 마치라 하며 바로의 감독들이 자기들이 세운 바 이스라엘 자손의 기록원들을 때리며 이르되 너희가 어찌하여 어제와 오늘에 만드는 벽돌의 수효를 전과 같이 채우지 아니하였느냐 하니라(출 5:13-14).

나쁜 꿈을 꾼 왕이 몰아붙인 생산 스케줄 이면에는 많

은 생산으로 중앙집권을 강화하는 것이 모든 노동의 목적이라는 가정이 깔려 있었다.

둘째, 바로의 공격적인 정책에는 단순한 착취 이상의 목적이 있었다. 이 내러티브를 보면 바로는 자신의 일꾼들을 지독히 두려워했다. 그는 그들이 떠나 노동력을 잃고 제국이 굴욕을 당할까 봐 두려웠다. 이로 인해 그는 더 가혹하게 변했다.

> 이스라엘 자손에게 일을 엄하게 시켜 어려운 노동으로 그들의 생활을 괴롭게 하니 곧 흙 이기기와 벽돌 굽기와 농사의 여러 가지 일이라 그 시키는 일이 모두 엄하였더라(출 1:13-14).

여기서 '엄한'이란 단어는 더 이상 생산성에 관해 이성적으로 생각하지 못하는 착취 시스템을 대변하고 있다. 이런 정책 이면의 두려움은 결국 자신의 노동력을 공격하기에 이른다. 바로는 훗날 노동력의 일부가 될 남자 아기들을 모두 죽이라는 명령을 내린다.

너희는 히브리 여인을 위하여 해산을 도울 때에 그 자리를 살펴서 아들이거든 그를 죽이고 딸이거든 살려두라(출 1:16).

이 정책의 황당한 점은 다름 아닌 차세대 일꾼이 될 사람들을 죽인다는 것이다.

셋째, 경제적 착취에서 두려움에 근거한 정책으로 이동하는 것은 일부러 고통을 일으키기 위한 조치처럼 보인다. 모든 착취 시스템이 결국 깨닫게 되듯, 두려움에서 비롯한 착취는 인간을 고통의 한계까지 밀어붙인다. 결국, 두 가지 일이 벌어진다.

먼저, 견딜 수 없는 고통으로 인해 공개적으로 불만을 터뜨리게 만든다. 전체주의 체제는 최대한 고통을 감추려고 한다. 고통의 소리가 들리지 않고 고통의 광경이 드러나지 않게 하려고 한다. 하지만 모든 전체주의 체제가 결국 깨닫게 되듯, 고통의 소리를 영원히 억누를 수는 없다. 결국 절규가 터져 나오게 되어 있다! 고통이 극에 달하면 소리가 나오게 되어 있다. 물론 절규만 터져 나온다. 절규는 날 것 그대로의 육체적 고통의 표현이다. 이 절규가 이 내려티브에서 가장 기도에 가깝다. 여기서 기도는 고통이 극에 달한 몸이 원시적인 요구를 하는 것이다. 이 절규는 특별히 어떤 대상을 향한 것이 아니다. 그냥 터져 나와, 사회 시스템이 실패했다는 사실을 공개적으로 선포하는 행동이다.

하지만 다음으로 이 내러티브가 더없이 분명하게 보여 주는 사실은 학대받은 노동력의 절규가 여호와의 귀에까지 들어갔다는 것이다. 이 내러티브는 여호와를 사회적 힘들에 관한 공적 드라마의 중심인물로 본다. 절규는 여호와를 향한 것은 아니었지만 결국 여호와에게 이른다. 여호와는 학대받는 자들의 절규를 자석과 같은 힘으로 끌어당기셨다.[2]

> 이스라엘 자손은 고된 노동으로 말미암아 탄식하며 부르짖으니 그 고된 노동으로 말미암아 부르짖는 소리가 하나님께 상달된지라 하나님이 그들의 고통 소리를 들으시고 하나님이 아브라함과 이삭과 야곱에게 세운 그의 언약을 기억하사 하나님이 이스라엘 자손을 돌보셨고 하나님이 그들을 기억하셨더라(출 2:23-25).

성경에 따르면 인간의 절규는 하나님의 결심을 이끌어 낸다. 이스라엘 백성의 절규를 통해 그들의 경제적 상황을 바꾸시는 하나님의 모습을 보게 된다. 동시에 바로의 위신을 떨어뜨리고 제국으로부터 사회적 주도권을 빼앗는 하나님의 결심이 나타난다.

넷째, 착취, 두려움, 고통은 인류 역사의 결정적인 순간을 가져온다. 공격적인 중앙집권적 권력과 식량 독점이 극적으로 무너지는 일은 새로운 현실을 위한 하나님의 결심을 포함하며, 이 결심은 다시 인간의 대리로 이어진다. 성경의 내러티브는 '하나님의 결심'이 '인간의 대리'로 전환되는 과정을 매우 정확하게 보여 준다. 이 전환은 불타는 떨기나무 사건에서 선포된다. 그곳에서 스스로 하나님이라고 부르는 존재가 모세를 부르고 소환한다. 이 불가사의한 만남의 결과, 모세는 제국의 경제로부터 떠난 노예 공동체에 관한 비전을 얻는다. 다음 만남의 장면은 '하나님의 결심'을 보여 준다.

여호와께서 이르시되 내가 애굽에 있는 내 백성의 고통을 분명히 보고 그들이 그들의 감독자로 말미암아 부르짖음을 듣고 그 근심을 알고 내가 내려가서 그들을 애굽인의 손에서 건져내고 그들을 그 땅에서 인도하여 아름답고 광대한 땅, 젖과 꿀이 흐르는 땅 곧 가나안 족속, 헷 족속, 아모리 족속, 브리스 족속, 히위 족속, 여부스 족속의 지방에 데려가려 하노라 이제 가라 이스라엘 자손의 부르짖음이 내게 달하고 애굽 사람이 그들을 괴롭히는 학대도 내가 보았으니(출 3:7-9).

하지만 하나님의 결심은 10절에서 갑자기 '인간의 대리'로 전환된다.

이제 내가 너를 바로에게 보내어 너에게 내 백성 이스라엘 자손을 애굽에서 인도하여 내게 하리라(출 3:10).

결과적으로 제국의 현실 밖 세상을 꿈꾸고 행동할 수 있는 대리인이 나선다. 이 대리인은 제국의 현실 밖 세상을 꿈꾸며 이스라엘 백성을 제국의 시스템에서 탈출시키는 위험천만한 일을 시작한다.

바로와 모세를 나란히 놓고서 보면 큰 아이러니가 나타

난다. 바로는 꿈을 꾸는 사람이지만 부족함에 관한 악몽만 꿀 뿐이었다. 반면, 불타는 가시덤불 이후의 모세는 진정으로 "나에게는 꿈이 있습니다"라고 말했다.

나는 해방을 꿈꿉니다.
나는 벽돌 생산 할당량 너머를 꿈꿉니다.
나는 착취와 두려움의 체제 너머를 꿈꿉니다.
나는 전략적으로 가해진 고통의 지대 밖 세상을 꿈꿉니다.

모세의 꿈은 바로의 악몽과 달라도 너무 다르다. 그것은 성경적인 내러티브를 이끌어 가는 꿈이다. 바로와 모세, 그리고 그들의 백성은 불안의 시스템 속에 갇혀 있었다. 불안이 가득했고 공공선은 없었다. 불안이 가득한 바로의 시스템은 공공선을 철저히 배제했다. 제국의 시스템은 모두를 주인 아니면 노예, 위협 아니면 공범, 라이벌 아니면 노예로 이분했다. 공공선을 위해서는 '부족함의 악몽'을 낳는 '불안의 시스템'을 떠나야만 했다.

드디어 광야로! 그러나…

그리하여 그들은 떠났다! 출애굽기 14장에서 이스라엘 백성은 자신들의 탈출을 위해 물이 갈라지는 광경을 보았다(21-23절). 출애굽기 15장에서 그들은 제국의 시스템 밖인 강 건너편에 서서 과거를 돌아보며 춤을 추고 노래하고, 자신들을 해방시키신 여호와를 찬양했다. 출애굽기 16장에서 그들은 행복으로 가는 긴 여정 중에 있다. 16장에서 그들은 광야에 첫발을 내딛었다. 광야는 불안이 가득한 바로의 시스템에서 벗어나면 이르게 되는 곳이다.

이스라엘 백성은 불안의 시스템을 떠났지만 광야로 깊숙이 들어가자 믿음을 필요로 하는 위험한 새 환경에 관해 불평하기 시작한다(출 16:3). 심지어 그들은 바로의 착취로 돌아가기를 갈망한다.

이스라엘 자손이 그들에게 이르되 우리가 애굽 땅에서 고기 가마 곁에 앉아 있던 때와 떡을 배불리 먹던 때에 여호와의 손에 죽었더라면 좋았을 것을 너희가 이 광야로 우리를 인도해 내어 이 온 회중이 주려 죽게 하는도다(출 16:3).

그들은 노예 생활을 식량이 보장된 삶으로 기억했다. 나중에는 노예 시절에 맛있게 먹었던 음식들을 떠올렸다.

> 그들 중에 섞여 사는 다른 인종들이 탐욕을 품으매 이스라엘 자손도 다시 울며 이르되 누가 우리에게 고기를 주어 먹게 하랴 우리가 애굽에 있을 때에는 값없이 생선과 오이와 참외와 부추와 파와 마늘들을 먹은 것이 생각나거늘 이제는 우리의 기력이 다하여 이 만나 외에는 보이는 것이 아무 것도 없도다 하니(민 11:4-6).

그들의 끝없는 불평에 모세까지 하나님께 불평하기에 이르렀고, 하나님은 그 불평에 응답하셨다. 아마도 이제 바로가 아닌 여호와가 이 백성을 책임지고 있기 때문에 하나님의 응답이 필요했을 것이다. 하나님은 다음과 같이 그들을 안심시키신다.

> 내가 이스라엘 자손의 원망함을 들었노라 그들에게 말하여 이르기를 너희가 해 질 때에는 고기를 먹고 아침에는 떡으로 배부르리니 내가 여호와 너희의 하나님인 줄 알리라

(출 16:12).

고기는 메추라기이며, 약속된 대로 찾아왔다. 아침의 떡 혹은 빵에 관해서는 다음과 같이 기록되어 있다.

그 이슬이 마른 후에 광야 지면에 작고 둥글며 서리 같이 가는 것이 있는지라(출 16:14).

'하늘의 빵'은 그들이 알던 이전의 빵과 전혀 달랐다. 그래서 눈앞에 떨어진 빵을 보며 서로에게 "이것이 무엇인가?"라고 물었다. 이 물음에 대한 히브리어는 '만 후'이다. 그래서 이 빵은 '만나'로 불리게 된다. 이 빵은 그 어떤 기존의 범주에도 들지 않는 '이상한 빵'이었다. 그래서 그들은 서로에게 "이것이 무엇인가?"라고 물은 것이다.

광야에서 만나게 된 이 빵의 내러티브가 출애굽의 내러티브와 매우 다르다는 점을 알 수 있다. 출애굽의 내러티브는 확실하고 현실적이다. 그것은 값싼 노동력과 불가능한 생산 스케줄로부터의 탈출에 관한 내러티브이다. 이에 반해 이 만나의 내러티브는 현실성이 없는 꿈같은 내러티브이다. 이 불가해한 후하심의 비현실적이고 꿈같은 면에 관해 생각해 보라. 이 이야기를 들으면 우리는 궁금증이 생기고 의심할 수밖에 없다. 뭐든 대가로 주어지는 현실과 너무 다르기 때문이다. 실제로 이런 하나님의 후하심은 너무도 꿈같다. 그래서 우리는 '기적'이라는 특별한 단어를 사용한다.

기적은 평범하지 않은 것, 규칙적이고 일관된 패턴을 깨뜨리는 것, 예측 가능하지 않은 것을 말한다. 이 위대한 단어들의 순서를 생각해 보라. 꿈같은, 불가해한, 후하심, 기적 다음에 올 단어는 바로 '은혜'이다. 은혜는 받는 자가 아닌 주는 자에 근거한 하나님의 후하심을 말한다. '은혜'란 단어를 '광야'란 단어와 나란히 병치하면 불가사의한 빵에 관한 이 내러티브의 요지가 나타난다.

성경의 언어에서 '광야'는 생명 유지 시스템이 분명히 보이지 않는 곳이다. '은혜'는 이 장소를 변화시키는 하나님의 놀라운 후하심이다. 하나님의 은혜로운 제스처인 불가사의한 빵은 광야의 특색을 바꿔 놓는다. 이제 이스라엘 백성은 광야가 여호와의 후하신 성품으로 인해 생존이 가능한 곳임을 깨닫는다.

이 '은혜'와 '광야'의 병치를 살피다 보면 예레미야 선지자의 시를 만나게 된다. 예레미야 선지자는 6세기 바벨론 유수에 대해 '광야'라는 단어를 사용한다. 이스라엘 백성의 삶에서 바벨론도 생명을 유지할 수 없는 곳이었다. 그 죽음의 땅에서 이스라엘 백성은 자신들을 지탱해 주시는 하나님의 임재를 만난다. 그리하여 예레미야 선지자는 하나님의 기적에 관해서 말할 수 있었다.

여호와께서 이같이 말씀하시니라 칼에서 벗어난 백성이 광야에서 은혜를 입었나니 곧 내가 이스라엘로 안식을 얻게 하러 갈 때에라 옛적에 여호와께서 나에게 나타나사(렘 31:2-3).

생존할 수 없는 곳에서 생존할 수 있도록 빵이라는 분명한 형태가 주어졌다. "광야의 은혜"의 중요성은 아무리 강조해도 지나치지 않다. 그 기적과 경이, 후하심의 순간, 광야는 극적으로 변했다. 이제 이스라엘 백성은 불안이 가득한 제국의 땅 밖에 있는 광야에서 새로운 자유를 누리며 살게 되었다.

이 내러티브에 따르면 광야의 빵은 하나님의 풍성하심을 보여 주는 표식이었다.

> 모세가 그들에게 이르되 이는 여호와께서 너희에게 주어 먹게 하신 양식이라 여호와께서 이같이 명령하시기를 너희 각 사람은 먹을 만큼만 이것을 거둘지니 곧 너희 사람 수효대로 한 사람에 한 오멜씩 거두되 각 사람이 그의 장막에 있는 자들을 위하여 거둘지니라 하셨느니라 이스라엘 자손이 그같이 하였더니 그 거둔 것이 많기도 하고 적기도 하나 오멜로 되어 본즉 많이 거둔 자도 남음이 없고 적게 거둔 자도 부족함이 없이 각 사람은 먹을 만큼만 거두었더라(출 16:15-18).

이 내러티브는 이스라엘 상상의 중심에 있다. 이 내러티브는 바로의 약탈적인 정책을 낳은 '부족함의 악몽'과 완전히 상반된 여호와의 '후하신 공급 능력'을 실질적으로 보여 준다. 이스라엘 백성들은 부족함에 근거한 바로의 시스템에 너무 익숙해져서 하나님이 풍성하게 공급하시는 새로운 삶을 쉽게 받아들일 수 없었다. 이 공급하심의 목적은 부족함에 대한 불안에서 시작되어 분노, 두려움, 공격, 그리고 결국 약탈적인 폭력으로 이어지는 악순환의 고리를 끊는 것이었다.

이 내러티브에서 이스라엘 백성들은 하나님의 풍성한 공급하심에 놀란 입을 다물 수 없었다. 하지만 그들은 아직 부족함에 근거한 바로의 옛 시스템 속에 있는 것처럼 행동했다. 그래서 모세는 그들에게 빵을 남을 정도로 거두어서 저장하지 말라고 경고한다.

> 모세가 그들에게 이르기를 아무든지 아침까지 그것을 남겨두지 말라 하였으나(출 16:19).

얼마든지 필요한 대로 먹으라! 하지만 그들은 말을 듣지 않았다. 그들은 내일 다시 빵이 찾아오지 않을까 봐 남는 빵을 호주머니와 광주리에 챙겼다. 이는 부족한 상황에 대한 불안한 심리를 보여 준다(물건이 더 부족할지 모른다는 두려움으로 우리가 사재기를 하는 바람에 상점의 물건이 순식간에 동이 났던 팬데믹 초기가 생각난다).

하지만 그렇게 남는 것을 저장해 봐야 아무런 소용이

없었다. '하늘의 빵'은 이스라엘 백성이 애굽에서 먹었던 '눈물의 빵'과 같지 않기 때문이다. 애굽에서는 내일을 위한 빵조각을 저장할 수 있었다. 하지만 광야에서는 그럴 수 없었다! 그래서 다음과 같은 상황이 펼쳐진다.

> 그들이 모세에게 순종하지 아니하고 더러는 아침까지 두었더니 벌레가 생기고 냄새가 난지라 모세가 그들에게 노하니라 무리가 아침마다 각 사람은 먹을 만큼만 거두었고 햇볕이 뜨겁게 쬐면 그것이 스러졌더라(출 16:20-21).

저장된 빵에 벌레가 생겼다. 냄새가 났다. 바스러졌다. 오래 가지 않았다. 불가사의한 빵은 보존력이 없었다. 그 빵은 매일 누구도 굶지 않을 만큼 충분하되 넘치지 않게 주어졌다. 하늘의 빵은 무한 생산 경쟁의 정반대이다. 빵 공급을 다스리는 창조주 하나님은 바로의 식량 독점을 깨뜨리신다. 이제 애굽의 피라미드와 같은 경제 시스템 밖에서 값없이 식량이 주어진다. [3]

성경에서 '빵'이 하나님의 후하신 공급의 상징으로 자주 사용되는 데는 그럴 만한 이유가 있다. 빵이 구체적이고도 필수불가결한 생명의 자원이기 때문이다. 고대 이스라엘의 불가사의한 인물 중 한 명인 엘리사 선지자의 내러티브에서도 빵에 관한 이야기가 자주 등장한다.

- 열왕기하 4장 1-7절 : 엘리사 선지자는 과부가 빚을 갚고 나중에 빵을 만들 수 있도록 풍성한 기름을 선물했다.

- 열왕기하 4장 42-44절 : 엘리사 선지자는 약간의 빵을 가지고 있었다. 그는 그 빵으로 백 명을 먹이고 "남았다." 이 내러티브는 하나님의 진리를 전하는 이들이 활동하는 곳에서는 풍성함이 부족함과 굶주림을 뒤덮는다는 사실을 증명해 보인다.

- 열왕기하 6장 22-23절 : 이스라엘과 수리아의 끝없는 전쟁 속에서 엘리사 선지자가 개입하게 된다. 이스라엘 왕은 수리아의 전쟁 포로들을 죽이고자 했지만 엘리사는 그것에 반대했다. 엘리사는 적들의 죽음 대신 다음과 같이 말했다. "떡과 물을 그들 앞에 두어 먹고 마시게 하고 그들의 주인에게로 돌려보내소서"(왕하 6:22).

적들에게 음식을 후히 베푼 결과는 다음과 같았다.

> 왕이 위하여 음식을 많이 베풀고 그들이 먹고 마시매 놓아
> 보내니 그들이 그들의 주인에게로 돌아가니라 이로부터
> 아람 군사의 부대가 다시는 이스라엘 땅에 들어오지 못하
> 니라(왕하 6:23).

음식을 후히 베풀면 부족함에 대한 두려움에서 비롯한
폭력의 패턴이 깨진다. 이 내러티브는 세상의 본래 모습은
우리가 상상했던 모습이나 바로가 만들어 갔던 모습과 다
르다는 사실을 보여 준다. 부족함의 패턴을 고집하면 하나
님의 후하심이 무효화되는 세상이 되어 버린다. 이 내러티
브는 다른 세상의 가능성을 보여 주며, 귀를 기울이는 공동
체를 하나님의 후하심에 따라 이루어지는 다른 방식의 삶
으로 초대한다.

이사야의 시에서도 마찬가지이다. 이사야서 55장을 보
면 고향에서 제국으로 끌려간 유대인들은 바벨론 제국 시
스템의 함정에 빠져 있었다. 유대인들의 기억 속에서 바벨
론으로 끌려간 것은 바로의 애굽으로 되돌아간 것과도 같

았다. 모든 제국은 똑같이 행동하기 때문이다. 모든 제국은 더 많은 땅, 더 많은 세금, 더 많은 매출, 더 많은 기름, 더 많은 값싼 노동력, 더 많은 에너지가 필요하다고 말하며 부족함의 원칙에 따라 행동한다. 일부 유대인들은 옛 부족함의 시스템과 똑같은 새로운 부족함의 시스템에 젖어 들었다. 그들은 제국의 요구사항들에 다시 익숙해졌다. 그로 인해 그들은 지치고 냉소적으로 변해 버렸다. 제국은 언제나 채울 수 없는 할당량을 부과하기 때문이다.

새로운 부족함이라는 견딜 수 없는 환경, 현실적인 근거가 아닌 이데올로기적 힘에 의해 만들어진 환경 속에서 이사야 선지자는 제국의 이데올로기에 의문을 품게 만드는 제안과 물음을 던진다.

> 오호라 너희 모든 목마른 자들아 물로 나아오라 돈 없는 자도 오라 너희는 와서 사 먹되 돈 없이, 값없이 와서 포도주와 젖을 사라(사 55:1).

충분하다 못해 넘치는 공짜 음식, 공짜 물, 공짜 젖, 공짜 포도주는 그 옛날 광야에서 나타났던 하나님의 풍성한 선물이었다. 이제 포로로 붙잡혀 간 타지에서 다시 나타났다. 이번에는 질문이다. 아니, 사실상 꾸지람이다.

> 너희가 어찌하여 양식이 아닌 것을 위하여 은을 달아 주며 배부르게 하지 못할 것을 위하여 수고하느냐 내게 듣고 들을지어다. 그리하면 너희가 좋은 것을 먹을 것이며 너희 자신들이 기름진 것으로 즐거움을 얻으리라(사 55:2).

이 질문은 믿음의 사람들인 이스라엘 백성을 향한다. 그들은 바벨론의 부족함의 시스템에 굴복한 상태로 무한 경쟁에 동참하고 있었다. 누구보다 분주하게 움직이면 더 많이 얻을 수 있다고 생각했다. 이사야는 그들을 향해 왜 그러냐고 묻는다. "하나님의 풍성함이라는 진리를 알면서 왜 부족함이라는 거짓에 빠져 있느냐?"

'후함에 관한 확신'과 '현재의 부족함에 관한 질문'에 이어 초대가 나타난다.

> 너희는 여호와를 만날 만한 때에 찾으라 가까이 계실 때에 그를 부르라 악인은 그의 길을, 불의한 자는 그의 생각을

버리고 여호와께로 돌아오라 그리하면 그가 긍휼히 여기
시리라 우리 하나님께로 돌아오라 그가 너그럽게 용서하
시리라(사 55:6-7).

이 구절은 죄와 구원을 전반적으로 다룬 것이 아니다.
이 구절은 특별히 '부족함의 시스템'에서 벗어나 '후하심의
진리'로 들어오라는 초대의 메시지이다. 이 구절은 풍요에
관한 기억을 지닌 유대인이 되라는 초대요, 제국을 움직이
는 부족함의 이데올로기에서 벗어나라는 부름이다. 이사
야는 이 부름을 흘려듣는 사람은 영원히 만족할 수 없다는
것을 알았다. '더 많이'를 추구하는 제국주의는 만족을 모른
다. 바로는 밤에 충분한 숙면을 취할 수 없다. 바로가 가진
불안의 이데올로기는 경제만이 아니라 잠에도 악영향을 끼
친다. 잠과 경제가 모두 불안해진다!

이스라엘 백성이 광야에서, 그리고 바벨론에서 발견한
사실은 다른 길이 있다는 것이다. 사실, 이스라엘의 긴 역
사는 '바로의 부족함의 시스템'과 '하나님의 풍성함의 제시'
사이의 충돌의 역사라고 말할 수 있다. 교회의 긴 역사도
통제를 낳는 '부족함'과 후함을 낳는 '풍성함' 사이의 충돌

역사라고 보는 것이 합당하다. 이스라엘이나 교회를 넘어 에릭 에릭슨(Erik Erikson)의 '기본적 신뢰'(basic trust)에 이르기까지 모든 인간사는 부족함과 그 부족함에 관한 불안을 깨뜨리는 풍성함의 꿈 사이의 충돌로 귀결된다.[4]

이스라엘 백성은 불가사의한 빵을 넉넉히 먹으며 시내산까지 이르렀다. '풍성함'의 기적으로 찾아온 불가사의한 '빵'의 선물은 불안, 두려움, 탐욕, 분노의 치명적인 패턴을 깨뜨리는 '후하신' 하나님의 선물이다. 이는 인간의 예상 밖에 있는 '기적'이다. 이는 부족함에 관한 자멸적인 불안을 깨뜨리는 놀랍고도 불가해한 후함의 행위이다.

부족함의 악몽에서 벗어나자 보이는 이웃

이스라엘 백성은 시내산에 이르렀다. 그들은 '풍성함의 기적'을 통해 '부족함의 악몽'에서 벗어났다. 그 두려운 언약의 산에 이르렀을 때 그들은 샬롬의 선물 덕분에 바로의 부족함의 시스템에서 해방되었다는 사실을 깨달았다. 그리하여 이제 공공선에 관심을 가질 여유가 생겼다. 시내산에 이르렀을 때는 하나님의 '풍성함'으로 '부족함'의 마수가 깨졌기 때문에 이웃 사랑에 힘을 쓸 수 있게 되었다. 시내산을 향해 다가가는 그들은 그 어떤 계명도 듣기 전인 출애굽기 19장 8절에서 이미 다음과 같이 고백하게 되었다.

> 백성이 일제히 응답하여 이르되 여호와께서 명령하신 대로 우리가 다 행하리이다(출 19:8).

이스라엘은 그 어떤 계명도 듣기 전에 새로운 순종의 모습을 보여 주었다. 그것은 하나님이 주시는 풍성함이 새로운 명령이 바로의 명령보다 낫다는 것을 알았기 때문에 가능했다. 시내산에서 받은 새 명령은 이웃 사랑을 향한 여호와의 꿈, 공공선을 위한 여호와의 의도를 담고 있었다. 애굽에는 공공선 따위는 없었다. 부족함의 시스템 속에 사는 사람들은 공공선에 관심조차 없기 때문이다.

'불안'에서 '풍성함'을 통해 '이웃 사랑'으로 가는 이 내러티브는 십계명의 의도를 다시 생각해 보게 한다. 십계명은 도덕적 규칙이 아니다. 사람들을 꾸짖기 위한 상식의 법이 아니다. 십계명은 공동체의 공공선을 위해 사회적 세력과 사회적 재화를 어떻게 조직할지에 관한 가장 기본적인 진술이다. 십계명은 바로의 옛 계명과 완전히 상반된 '새 계명'이다.

1-3계명을 통해 이스라엘 백성은 바로의 보장 시스템보다 여호와를 믿고 사랑하고 섬겨야 한다는 사실을 배웠다.

> 나는 너를 애굽 땅, 종 되었던 집에서 인도하여 낸 네 하나님 여호와니라 너는 나 외에는 다른 신들을 네게 두지 말라 너를 위하여 새긴 우상을 만들지 말고 또 위로 하늘에 있는 것이나 아래로 땅에 있는 것이나 땅 아래 물 속에 있는 것의 어떤 형상도 만들지 말며 그것들에게 절하지 말며 그것들을 섬기지 말라 나 네 하나님 여호와는 질투하는 하나님인즉 나를 미워하는 자의 죄를 갚되 아버지로부터 아들에게로 삼사 대까지 이르게 하거니와 나를 사랑하고 내 계명을 지키는 자에게는 천 대까지 은혜를 베푸느니라 너는 네 하나님 여호와의 이름을 망령되게 부르지 말라 여호와는 그의 이름을 망령되게 부르는 자를 죄 없다 하지 아니하리라(출 20:2-7).

이 세 계명은 다름 아닌 정권 변화에 관한 계명이다. 이 계명들은 불안을 낳는 바로의 시스템과 다른 시스템이 존 재한다고 선포한다. 이 계명들은 바로에게서 해방 시켜 준 분을 예배하고, 한낱 생산 시스템의 논리로는 가늠할 수 없 는 하나님의 불가해한 거룩하심을 높이라는 명령이다.

5-9계명에서 이스라엘 백성은 모든 종류의 이웃들을 존 중하고 보호하며, 착취하지 말아야 한다는 사실을 배웠다.

> 네 부모를 공경하라 그리하면 네 하나님 여호와가 네게 준
> 땅에서 네 생명이 길리라 살인하지 말라 간음하지 말라 도
> 둑질하지 말라 네 이웃에 대하여 거짓 증거하지 말라(출
> 20:12-16).

이 간결한 규칙들은 이웃을 '사용하는' 것에 대해 적절 한 한계를 정한다. 물론 바로는 한계를 모른 채 그저 생산 을 늘리기 위해 이웃을 마음대로 조종하고 착취했다. 시 내산에서 이웃이 수단이 아닌 목적이며, 보장 시스템의 톱니바퀴들이 아니라 자기 역사의 주체라는 사실이 분명 해진다.

10계명을 통해 이스라엘 백성은 소유에 한계가 있다는 사실을 배웠다.

> 네 이웃의 집을 탐내지 말라 네 이웃의 아내나 그의 남종이 나 그의 여종이나 그의 소나 그의 나귀나 무릇 네 이웃의 소유를 탐내지 말라(출 20:17).

이 계명은 단순히 사소한 탐욕의 행위를 경고하는 것이 아니다. 힘 센 자들의 야망에 약한 자들을 희생시키는 약탈 적인 관행과 공격적인 정책을 경고한다. 약육강식의 경제 시스템 속에서는 그 누구의 집이나 전답, 아내, 기름도 강 한 자들의 약탈로부터 안전하지 못하다. 바로의 착취적인 시스템 속에서는 사람들이 벽돌, 권력, 영토, 기름 등 무엇 이든 더 많이 필요하고 더 많이 가질 권리가 있다고 믿었다. 모든 것을 가질 때까지 만족할 줄 몰랐다. 하지만 이웃을 그 런 식으로 다루어서는 안 된다. 그런 생각과 관행은 두려움 과 경쟁을 가중시켜 공공선을 불가능하게 만든다. 여호와 의 후히 나누는 나라에서는 그런 탐욕이 금지된다.

4계명을 통해 이스라엘 백성들은 안식이 공격적인 불

안의 대안이라는 사실을 배웠다.

> 안식일을 기억하여 거룩하게 지키라 엿새 동안은 힘써 네
> 모든 일을 행할 것이나 일곱째 날은 네 하나님 여호와의 안
> 식일인즉 너나 네 아들이나 네 딸이나 네 남종이나 네 여종
> 이나 네 가축이나 네 문안에 머무는 객이라도 아무 일도 하
> 지 말라 이는 엿새 동안에 나 여호와가 하늘과 땅과 바다와
> 그 가운데 모든 것을 만들고 일곱째 날에 쉬었음이라 그러
> 므로 나 여호와가 안식일을 복되게 하여 그날을 거룩하게
> 하였느니라(출 20:8-11).

안식일의 핵심은 예배가 아니라 일을 멈추는 것이다.
안식일은 바로의 불안 시스템에서 잠시 발을 빼는 행위이
다. 자신의 삶이 생산과 소비를 통해 정의되는 것, 개인적
인 행복만 끝없이 추구하는 것이 아님을 기억하고 그 시스
템을 거부하는 것이다. 말할 것도 없이 바로의 시스템에서
는 누구에게도 안식이 없었다. 모두가 1년 365일 일했다!
노예들은 하루도 쉬지 못했고, 생산 할당량을 채우기 위해
멀티태스킹을 해야 했다. 바로 역시 하루도 쉴 수 없었다.

작업 명령서와 할당량을 써서 보내느라 쉴 틈이 없었다. 그 결과, 모두가 끝없는 생산과 축적의 굴레에 갇혀 있었다.

하지만 시내산에서 이스라엘 백성들은 앞서 만나 내러티브에서 언급하지 않은 한 가지를 기억할 수 있었다. 그것은 다음날을 위한 빵을 저장하지 말라는 명령을 받았지만 그 규칙에 예외가 있었다는 것이다. 안식일만큼은 예외였다.

> 볼지어다 여호와가 너희에게 안식일을 줌으로 여섯째 날에는 이틀 양식을 너희에게 주는 것이니 너희는 각기 처소에 있고 일곱째 날에는 아무도 그의 처소에서 나오지 말지니라 그러므로 백성이 일곱째 날에 안식하니라(출 16:29-30).

이 얼마나 놀라운가! 여분의 빵이 전혀 없는 광야에서도 안식일 계명은 유효하다. 광야라는 절박한 환경에서도 일을 쉬는 날을 반드시 지켜야 한다. 시내산의 하나님은 백성이 제국에서처럼 남들을 앞서가기 위해 축적하길 바라지 않으신다. 이웃 사랑에 힘을 쏟기를 원하신다. 물론 안식일에 몰래 일을 해서 빵을 확보한 이들이 있었다. 하지만 시내산의 계명은 이를 금하고 있다. 안식일은 공동체를 가꾸는 시간이다. 함께 먹고 기억하고 소망하고 노래하고 춤추고 이야기 하는 시간이다. 다시 말해, 생산과 상관없는 일을 하는 시간이다. 시내산에서 이스라엘 백성들은 특히 안식일에 관한 네 번째 계명을 통해 무한경쟁 밖에서 이웃을 챙기면서도 생존할 방법이 있다는 사실을 배웠다.

이스라엘 백성은 새로운 가능성을 품고 시내산을 떠났다. 그들은 누구도 부족함 없이 사는 세상을 꿈꿀 수 있었다. 세상에 만연한 부족함의 악몽을 거부하는 꿈을 꿀 수 있었다. 물론 고대 이스라엘에도 온갖 폭력과 착취가 존재했다. 하지만 이제 말씀이 선포되었다. 빵이 주어졌다. 계명이 주어졌다. 안식일이 지켜졌다. 이스라엘과 동맹국들은 바로에게서 벗어나 이웃 사랑을 향해 가는 길에 머물렀다. 결국 토라는 시내산에서 예루살렘으로 옮겨졌다. 예루살렘에서 새로운 예언자들이 나와 시내산에서 받은 공공선의 비전을 확장했다. 시내산에서 시작하여 예루살렘을 거쳐 공공선, 평화로운 행복에 관한 다양한 시나리오가 나타났다.

끝날에 이르러는 여호와의 전의 산이 산들의 꼭대기에 굳게 서며 작은 산들 위에 뛰어나고 민족들이 그리로 몰려갈 것이라 곧 많은 이방 사람들이 가며 이르기를 오라 우리가 여호와의 산에 올라가서 야곱의 하나님의 전에 이르자 그가 그의 도를 가지고 우리에게 가르치실 것이니라 우리가 그의 길로 행하리라 하리니 이는 율법이 시온에서부터 나올 것이요 여호와의 말씀이 예루살렘에서부터 나올 것임이라 그가 많은 민족들 사이의 일을 심판하시며 먼 곳 강한 이방 사람을 판결하시리니 무리가 그 칼을 쳐서 보습을 만들고 창을 쳐서 낫을 만들 것이며 이 나라와 저 나라가 다시는 칼을 들고 서로 치지 아니하며 다시는 전쟁을 연습하지 아니하고 각 사람이 자기 포도나무 아래와 자기 무화과나무 아래에 앉을 것이라 그들을 두렵게 할 자가 없으리니 이는 만군의 여호와의 입이 이같이 말씀하셨음이라(미 4:1-4).

모두 하나가 된다. 새로운 삶이 가능하다! 말할 수 없는 풍성함을 받는 이들은 두려움과 불안에 쏟던 힘의 방향을 이웃 사랑을 위한 쪽으로 바꿀 수 있다.

말할 수 없는 후한 선물

이 내러티브에서 우리는 다음과 같은 특별한 주장을 도출할 수 있다. 첫째, '불안과 두려움의 시스템' 속에서 살기에 탐욕에 빠져 있는 사람들은 공공선에 쏟을 시간도 힘도 없다. 불안으로 인해 공공선에는 관심도 없고 오로지 자신만을 생각한다.

둘째, 두려움, 불안, 탐욕의 치명적인 굴레를 깨뜨리기 위해서는 '말할 수 없는 후함의 행위'가 필요하다.

셋째, 이렇게 말할 수 없이 후한 선물을 깊이 받아들인 사람들은 자신에게서 눈을 떼어 '이웃을 위한 일에 관해' 생각할 수 있다. 이런 큰 풍요를 누리는 자녀들은 자기의 특권이 아닌 이웃의 행복에 관한 새 계명을 기꺼이 받아들일 수 있다.

우리가 실천해야 할 이웃 사랑

이제 몇 가지 결론을 내려 보자. 지금까지 옛 내러티브의 기억을 천천히 더듬어 보았다. 하지만 이 책의 목적은 옛 기억에 초점을 맞추는 것이 아니다. 옛 내러티브의 기억이 지금 이 세상에서 우리의 삶에도 적용된다는 말을 하려는 것이다.

첫째, '부족함의 왕국'과 그 안에 가득한 불안의 이데올로기는 지금도 여전하다. 미국에서 이 이데올로기는 국가 안보의 형태를 띤다. 이 구조에서 우리는 남들에게 우리의 뜻을 강요하고 자원을 확보하고 시장을 우리에게 유리한 쪽으로 형성하기 위해 실질적, 이데올로기적, 경제적 전쟁을 끝없이 벌여야 한다.

물론 평소에 국가 안보를 이야기하는 사람은 별로 없다. 대부분의 사람들은 인종 차별, 잠 못 이루는 밤들, 실직, 부상병, 경기 침체 같은 증상과 결과를 이야기한다. 하지만 사회적 병폐를 낳는 핵심 이데올로기는 간파하지 못한다. '부족함의 왕국'은 무엇보다도 항상 더 많은 것을 원하는 '특권 의식에서 비롯한 소비주의'로 나타난다. 이 왕국에서 최상위에 있는 (혹은 최상위에 진입하기 위해 애쓰는) 사람들은 뭔가를 더 많이 가지면 더 편안하고 안전하고 행복해질 것이라고 생각한다.[5]

오늘날 우리 문화에는 소비자 군사주의(consumer militarism)의 이데올로기가 지독히 만연해 있다. 그 배후에는 철저히 소비자들의 이익만을 대변하는 미디어, 트라이벌리즘(tribalism) 틀에 갇힌 채 국가 안보만을 추구하는 사법 시스템, 소비자 이데올로기의 종속물에 불과한 공격적인 텔레비전 광고, 실제 이웃들과 거리가 먼 배우들과 스포츠 스타들을 위주로 돌아감으로 현실과 동떨어진 환상을 심어 주는 스타 시스템이 있다. 이런 부족함의 왕국은 의존성, 나아가 가난을 낳기 위해 만들어진 신용카드의 빚에서 단적으로 나타난다. 신용카드 빚은 빈부격차를 가속화하고 저임금 일자리에 갇힌 값싼 노동력을 양산한다. 이 모든 상황은 출애굽 내러티브에서 나타난다. 그 내러티브에서 바로는 부족함의 악몽을 대변하는 인물이다.

둘째, 부족함의 왕국과 다른 길이 존재한다. 그것은 바로 이웃 사랑을 실천하는 길이다. 그것은 공공선에 헌신하는 길이다. 물론 이 새로운 길은 결코 쉬운 길이 아니다. 부족함의 왕국이 총력전을 펼치고 있기 때문이다. 성경의 내러티브와 거기에서 파생한 많은 내러티브들은 끈덕지게 다른 길을 가리키고 있다. 하지만 다른 길은 쉽지도 분명하지도 않다. 이 길은 저절로 이루어지지 않는다. 이 길은 반드시 '떠남'을 요구한다.

기존 시스템에서 의도적으로 떠나야 한다. 성경의 표현을 쓰자면 '출애굽'이 필요하다. 이 옛 내러티브에서 이스라엘 백성은 떠나고 싶지 않았고, 떠난 뒤에도 바로에게 돌아가기를 원했다. 떠남은 고되고 지속적인 작업이다. 기존 시스템의 밖에서 생각하고 상상하고 살려면 심리적, 경제적, 전례적 차원의 상상력을 필요로 한다. 이스라엘의 핵심 전례(유월절)와 거기에서 파생한 교회의 전례들은 떠남에 관한 연습이다.

이견이 있겠지만 나는 신학적 연구가 떠남의 기술을 연습하는 과정이라고 생각한다. 신학적 연구는 비판적 성찰의 위대한 전통들을 통해 기존의 틀에서 벗어난 사고를 함으로 생산과 소비 시스템의 노예가 아닌 자기 역사의 주체가 되기로 결심하는 과정이다.

셋째, 나는 '부족함'에서 '풍성함'을 거쳐 '이웃 사랑'으로 가는 이 내러티브의 여행이 유대인들과 크리스천들, 나아가 모든 인간이 반드시 해야 하는 가장 중요한 여행 중 하나라고 생각한다. 이 내러티브의 여행은 한 번이 아니라 반복해야 하는 여행이다. 부족함의 왕국은 새로운 길로 가는 이 여행을 무의미하게 만드는 강력한 힘을 가지고 있기 때문이다. 따라서 부족함의 왕국에 굴복하여 무한경쟁에 참여하고 국가안보 속에서 사는 것이 정상적인 인간의 삶이라는 착각에 빠지지 않도록 이 여행을 계속해서 해야 한다. 영혼의 이런 속박 상태를 계속해서 끊어내야 한다. 이런 속박 상태가 다음과 같은 상황을 만들어 내기 때문이다.

- 민주주의를 위해 공격적이고 잔혹한 전쟁을 벌인다.
- 부유한 경제 속에서 가난을 처절히 용인한다. 무엇보다도 가난한 자들을 위한 적절한 의료 정책을 마련하지 않는다.
- '법과 질서'의 이름으로 사람보다 재산을 더 보호하는 군대화된 경찰 시스템을 옹호한다.
- 경제 발전이라는 이름으로 환경 남용 정책들을 유지한다.
- 미국 국기를 백인 민족주의를 위한 토템으로 변질시

킨다.

　부족함의 왕국에 포로로 잡혀가 속박되면 심각한 모순 가운데 살 수밖에 없다. 시스템에 의해 이권이 보호를 받는 사람들은 이런 모순에 특별히 신경을 쓰지 않는다.

　넷째, '부족함에 대한 불안'에서 '기적적인 풍부함'을 거쳐 '이웃과 함께하는 공공선'으로 가는 여행은 특별히 교회와 그 협력자들에게 주어진 의무이다. 여기서 내가 말하는 '교회'는 제도 교회를 말한다. 단, 진리와 통제의 집합으로서의 교회가 아니라 세상을 다르게 다시 상상하는 전례적, 해석적 제안으로서의 교회를 지칭한다. 교회가 부족함의 세상을 따라간다면 그 소명을 제대로 감당하지 못하고 있는 것이다. 충성스러운 교회는 공공선으로 가는 여행을 멈추지 않는다.

　특히 성찬은 풍성함의 복음이 부족함의 착각을 뒤엎고 우리를 공공선으로 초대한다는 점을 더없이 분명하게 보여 준다. 교회의 성찬은 출애굽기의 만나 내러티브를 그 무엇보다도 잘 재연해 준다. 강압과 불안 속에서 진행되지 않을 때 성찬은 부족함의 시스템을 와해시키는 하나님의 풍성함의 제스처다. 따라서 다음과 같은 것에 관해 생각해 보라.

마가복음 6장 30-44절에서 예수님은 "한적한 곳"에서 무리를 만나셨다. 예수님은 그들이 "목자 없는 양 같음으로 인하여" 불쌍히 여기셨다. 여기서 "한적한 곳"과 "목자 없는 양"이란 표현은 광야에서의 만나 내러티브를 상기시키기 위해 사용된 것이다. 그래서 다음과 같은 상황이 이어진다.

예수님은 떡 다섯 개와 물고기 두 마리를 '가지셨다.'

예수님은 그것들을 '축사하셨다.'

예수님은 그것들을 '떼셨다.'

예수님은 그것들을 사람들에게 '주셨다.'

풍성함에 관한 네 개의 중요한 동사들이 나타났다. "예수님이 가지셨다. 예수님이 축사하셨다. 예수님이 떼셨다. 예수님이 주셨다."

예수님은 5천 명을 먹이셨다. 그분은 장소의 부족함을 해소하는 확실한 풍성함의 행위를 보이셨다. 얼마나 풍성했던지 다 먹고도 열두 광주리나 남았다!

마가복음 8장 1-10절에서 예수님은 우리가 6장의 내러티브를 놓칠까 봐 이 행위를 반복하셨다. 예수님은 먹을 것이 없는 거대한 군중 앞에 이르셨다. 그분은 그들을 불쌍히 여기셨고, 제자들은 "이 광야 어디서 떡을" 얻을지 몰라 고개를 갸웃거렸다. 그러자 예수님은 풍성함에 관한 네 개의 동사를 행하셨다.

> 예수님은 떡 일곱 개를 '가지셨다.'
> 예수님은 '축사하셨다.'
> 예수님은 떡을 '떼셨다.'
> 예수님은 떡을 사람들에게 '주셨다.'

마가는 예수님은 4천 명을 먹이고 떡이 일곱 광주리나 남았다고 보고한다. 이 얼마나 풍성한 결과인가! 떡이 넘쳐났다!

선생이신 예수님은 이 두 번의 양식 공급 후에 제자들이 본 것에 관해 돌아보기를 원하셨다. 그때 제자들은 다 함께 배 안에 있었는데, 떡에 관해서는 이미 잊어버린 상태였다. 그들은 예수님이 풍성함의 역사를 행하시는 중이라는 사실을 기억하지 못했다. 예수님은 제자들에게 어려운 질문을 던지셨고 제자들은 아무런 대답을 하지 못했다.

> 너희가 어찌 떡이 없음으로 수군거리느냐 아직도 알지 못하며 깨닫지 못하느냐 너희 마음이 둔하냐 너희가 눈이 있어도 보지 못하며 귀가 있어도 듣지 못하느냐 또 기억하지 못하느냐(막 8:17-18).

예수님은 제자들이 그분의 풍성함의 역사에 관해 돌아보기를 원하셨다. 하지만 그들은 예수님의 눈을 피하며 아무런 대답도 하지 못했다. 그분의 말씀은 그들의 해석 능력 밖에 있었다. 그들은 예수님이 보여 주신 새로운 풍성함을 어떻게 받아들여야 할지 몰랐다.

이에 좋은 선생이신 예수님은 좀 더 구체적이고 객관적인 질문으로 선회하셨다.

- 내가 6장에서 5천 명을 먹일 때 떡이 몇 광주리나 남았느냐? 제자들은 자신 있게 대답했다. "열두 광주리입

니다.”

- 8장에서 내가 4천 명을 먹일 때 떡이 몇 광주리나 남았느냐? 이번에도 제자들은 자신 있게 대답했다. “일곱 광주리입니다.”

제자들은 구체적이고 객관적인 질문에 대한 답은 쉽게 했다. 그들은 상황과 결과를 잘 알고 있었다. 하지만 그 숨은 의미를 파악하지는 못했다. 이 내러티브는 예수님의 가장 슬픈 평결 중 하나로 끝맺음한다.

아직도 깨닫지 못하느냐(막 8:21).

‘부족함’의 이데올로기가 하나님의 ‘풍성한’ 선물로 뒤엎어졌다는 점을 아직도 깨닫지 못한 것일까?

세상에서나 교회에서나 부족함의 내러티브를 믿는 것이 우리의 성향이다. 이 내러티브를 믿으면 탐욕스럽고 배타적이고 이기적이고 강제적으로 변한다. 심지어 성찬도 부족함의 시간이 될 수 있다. 음식이 먹을 만큼 충분하지 않은 것처럼 행동할 수 있다. 부족함의 내러티브는 남들을 경제적 삶에서 배제하게 만드는 것처럼 성찬 테이블에서조차 남들을 배제하게 만든다.

하지만 풍성함의 내러티브는 지금도 계속 이어지고 있다. 불안하고 부족한 시스템을 과감히 떠나는 사람들은 이웃들 속에서 역사를 쓰는 사람이 된다. 그들은 안식일 없는 생산에 질린 사람들이며 꿈꾸고 소망할 힘이 충분한 사람들이다. 꿈과 소망은 좋은 의료 보장, 좋은 학교, 좋은 집, 좋은 환경 관리, 군비 축소로 이어진다. 꿈은 바로의 악몽을 전복시킨다. 예수님은 출애굽 내러티브에 관해서 이렇게 말씀하셨다.

- "염려하지 말라" – 바로를 믿지 말라.
- "너희 하늘 아버지께서 이 모든 것이 너희에게 있어야 할 줄을 아시느니라" – 그리고 그것들을 풍성하게 공급해 주실 것이다.
- "그의 나라를 구하라" – 이웃을 돌보면 모든 것이 잘 될 것이다(마 6:25-33).

선물을 받은 자들은 자신을 초월한 힘을 가지게 된다.

그리고 이 선물을 잘 받으면 자신을 초월한 사람이 될 수
있다.

chapter 2

시내산에서 현재의 언약으로

나만을 위한 삶인가,
하나님이 원하시는 삶인가

우리 사회에서는 내러티브들의 대결이 계속되고 있다. 이 대결은 치열하고 때로는 비열하다. 이 대결 속에서 저마다 매우 다른 확신과 요구사항들을 가지고 세상을 다르게 본다. 이것은 아주 오래된 대결이다. 이미 고대 이스라엘에서 형성되고 표현되었지만 전혀 매듭을 짓지 못한 대결이다. 이 대결은 옛 대결인 동시에 현재의 대결이기도 하다. 이 대결에 우리 사회의 방향이 걸려 있다. 또한 이 대결에서 교회의 방향과 행동이 결정된다.

그런데 우리는 눈앞의 문제에만 신경을 집중하는 경향이 있기 때문에 이 문제들의 배경이 되는 내러티브에 관해 알아채거나 깊이 고민하지 않는다. 이번 장에서는 구약을 통해 이 내러티브들의 대결을 추적하고 나서 이 구약의 내용이 현재와 어떻게 연결되는지를 살펴보고자 한다.

전체 인류 역사의 내러티브

이스라엘 백성이 소중하게 여겼고 자손들에게 계속해서 전해 준 고대의 내러티브(출 10:1-2)는 천지의 창조주인 여호와가 노예들을 해방시키고 애굽의 바로 체제의 억압적인 경제를 뒤엎으셨다는 사실이다. 이스라엘 백성은 바로의 절망적인 시스템에서 벗어나 그 일로 인해 여호와가 영광과 높임을 받으셨다. 유월절 관습을 통해 출애굽의 기억은 역사적 뿌리에 상관없이 모든 사회적 현실을 기술하고 재경험하기 위한 전형적인(paradigmatic) 내러티브가 되었다.[1]

즉 이 내러티브는 거룩하신 하나님이 행하신 한 차례의 사회적 변혁에 관한 것이지만 한 차례의 기억을 넘어선다. 우리는 도처에서 계속되어 거룩한 힘을 불러일으키는 똑같은 억압과 해방의 상황들을 보게 된다. 출애굽 내러티브는 '인간의 울부짖음'에 반응하는 '거룩한 힘'에 관한 것이다.[2] 이스라엘 백성은 반복해서 절규의 상황에 처했고, 늘 그런 상황을 떠남으로 돌파구를 찾는다. 이 내러티브는 이스라엘을 넘어 인류 전체 역사의 내러티브라고 할

수 있다.[3]

사회적 안전망을 향한 첫걸음

    구약에서 신명기는 출애굽의 내러티브를 성문화하고 제도화하여 사회 형성을 위한 기틀로 삼고 있다.[4] 신명기는 옛 삶을 버리고 이웃을 위해 공공선을 추구하는 삶을 새롭게 상상하는 책이다. 이 내러티브 속의 '기억'은 신명기에서 '계명들'의 집합으로 전환된다. 이 계명들은 역사 속에서 사회적 안전망을 향한 첫걸음이 된다.

    출애굽-시내산의 기억은 다음과 같은 보기 드문 사회 윤리를 낳는다.

- 가난한 사람들의 빚을 7년 뒤에 탕감하여 영구적인 최하층 계층이 없게 해야 한다(신 15:1-18) : "너는 애굽 땅에서 종 되었던 것과 네 하나님 여호와께서 너를 속량하셨음을 기억하라"(15절).

- 공동체 일원들의 빚에 이자를 붙이지 말아야 한다(신

23:19-20).

- 도망친 노예들을 끝까지 돌봐 주어야 한다(신 23:15-16).
- 가난한 사람들에게 뭔가를 빌려 줄 때 담보물을 요구하지 말아야 한다(신 24:10-13).
- 가난한 사람들의 품삯을 미루지 말아야 한다(신 24:14-15).
- 객이나 고아를 불의하게 대하지 말아야 한다(신 24:17-18) : "너는 애굽에서 종 되었던 일과 네 하나님 여호와께서 너를 거기서 속량하신 것을 기억하라"(18절).

무엇보다도, 가난하고 소외된 사람들을 주기적으로 돌보아야 한다.

네가 밭에서 곡식을 벨 때에 그 한 뭇을 밭에 잊어버렸거든 다시 가서 가져오지 말고 나그네와 고아와 과부를 위하여 남겨두라 그리하면 네 하나님 여호와께서 네 손으로 하는 모든 일에 복을 내리시리라 네가 네 감람나무를 떤 후에 그 가지를 다시 살피지 말고 그 남은 것은 객과 고아와 과부를 위하여 남겨두며 네가 네 포도원의 포도를 딴 후에 그 남은 것을 다시 따지 말고 객과 고아와 과부를 위하여 남겨두라 너는 애굽 땅에서 종 되었던 것을 기억하라 이러므로 내가 네게 이 일을 행하라 명령하노라(신 24:19-22).

이 계명은 환금작물들인 곡식, 감람나무, 포도를 지목한다. 이 집합은 다른 곳에서는 곡식, 기름, 포도주로 나타난다. 이 집합은 시장 경제의 중심 산물이었다.[5]

출애굽-시내산 내러티브에서 곡식, 감람나무(기름), 포도주는 객, 고아, 과부(이민자)와 병치된다. 그들은 이런 귀한 상품을 얻을 힘이 없었다. 그것은 당시의 경제가 '귀중한 상품'과 '빈궁한 소비자' 사이에 계속해서 장애물을 쌓았던 애굽의 바로의 분리 방식을 따르고 있었기 때문이다. 출애굽 내러티브와 거기서 파생한 언약의 계명들은 이 분리의 담을 허물었다.

신명기는 이스라엘의 경제를 이웃이라는 틀 속으로 다시 들여온다. 신명기는 경제를 독립적이고 자율적인 시스템으로 보지 않는다. 신명기에서 경제는 매번 이웃의 상황에 따라 판단하고 통제해야 할 것이었다.

출애굽-시내산 내러티브에서 비롯한 이런 이웃 사랑의

비전은 고대 이스라엘에서 모든 사람이 아는 것이었다. 하지만 신명기를 보면 이 내러티브의 자손들은 이 비전을 철저히 거부했다. 그래서 모세는 반항적인 청중을 꾸짖었다.

> 네 하나님 여호와께서 네게 주신 땅 어느 성읍에서든지 가난한 형제가 너와 함께 거주하거든 그 가난한 형제에게 네 마음을 완악하게 하지 말며 네 손을 움켜쥐지 말고 반드시 네 손을 그에게 펴서 그에게 필요한 대로 쓸 것을 넉넉히 꾸어 주라 삼가 너는 마음에 악한 생각을 품지 말라 곧 이르기를 일곱째 해 면제년이 가까이 왔다 하고 네 궁핍한 형제를 악한 눈으로 바라보며 아무것도 주지 아니하면 그가 너를 여호와께 호소하리니 그것이 네게 죄가 되리라 너는 반드시 그에게 줄 것이요 줄 때에는 아끼는 마음을 품지 말 것이니라 이로 말미암아 네 하나님 여호와께서 네가 하는 모든 일과 네 손이 닿는 모든 일에 네게 복을 주시리라 땅에는 언제든지 가난한 자가 그치지 아니하겠으므로 내가 네게 명령하여 이르노니 너는 반드시 네 땅 안에 네 형제 중 곤란한 자와 궁핍한 자에게 네 손을 펼지니라(신 15:7-11).

신명기는 이 이웃과 함께하는 경제가 단순히 좋은 진보주의적 개념이 아니라는 기억을 소환함으로 이런 몰인정한 성향을 억누른다. 이 경제는 출애굽을 계획하신 하나님의 의도이다.

- 너는 애굽 땅에서 종 되었던 것과 네 하나님 여호와께서 너를 속량하셨음을 기억하라 그것으로 말미암아 내가 오늘 이같이 네게 명령하노라(신 15:15).

- 너는 애굽에서 종 되었던 것을 기억하고 이 규례를 지켜 행할지니라(신 16:12).

- 너는 애굽에서 종 되었던 일과 네 하나님 여호와께서 너를 거기서 속량하신 것을 기억하라 이러므로 내가 네게 이 일을 행하라 명령하노라(신 24:18).

- 너는 애굽 땅에서 종 되었던 것을 기억하라 이러므로 내가 네게 이 일을 행하라 명령하노라(신 24:22).

신명기는 출애굽이라는 사건을 통해 출애굽의 하나님이신 여호와에 대한 사랑과 이웃을 하나로 연결시키고 있다. '하나님에 대한 사랑'은 즉각적이고 구체적이고 경제적인 차원에서 '이웃에 대한 사랑'으로 나타난다.[6]

따라서 해방의 기억에 근거한 계명들을 기록한 신명기에서 핵심 질문은 이웃에 관한 질문일 수밖에 없다. 누가 내 이웃인가? 이스라엘 백성들뿐 아니라 지금 우리도 계속해서 이 질문으로 논쟁을 벌이고 있다. 이 내러티브에 이웃에 관한 질문이 강하게 흐르고 있다. 그래서 저명한 유대인 정치 철학자 마이클 왈저(Michael Walzer)는 출애굽 내러티브가 근대의 모든 혁명의 뿌리라는 결론을 내렸다. 시내산의 하나님은 공공선을 위해 모든 경제가 혁신되기를 원하신다.

바로의 억압, 해방, 시내산, 가나안은 여전히 우리와 함께 있다. 이것들은 정치 세계에 대한 우리의 인식을 형성하는 강력한 기억들이다. '희망의 문'은 여전히 열려 있다. 지금 세상과 다른 세상이 가능하다. 심지어 그 세상이 지금의 세상과 완전히 다르다 해도 말이다. 이 개념이 서구 사상의 주심 주제이다. 이 개념은 여러 모로 정교해졌지만 여전히 존재한다. 정치의 의미와 가능성, 올바른 형태의 정치에 관해 먼저 출애굽이 가르쳐 주었고 이후에도 많은 사람이 가르쳐 온 다음과 같은 사실을 우리는 여전히 믿고 있다. 여전히 많은 사람이 믿고 있다.

첫째, 당신이 어디에서 살든 그곳은 애굽일 수 있다.

둘째, 더 나은 곳, 더 매력적인 세상, 약속의 땅이 있다.

셋째, "그 땅으로 가는 길은 광야를 통과한다." 함께 행진하는 것 외에 여기에서 거기로 가는 다른 길은 없다.[7]

그래서 정의의 자녀들은 이렇게 노래한다.

"우리는 행진한다, 우리는 행진한다, 우리는 행진한다."

이중적인 태도들

하지만 성경에는 신명기의 출애굽-시내산 내러티브를 거부하는 강력한 '반대 내러티브'가 있다. 이것은 이웃에 관한 질문을 거부한다. 반대 내러티브가 강력한 이유는 두려움과 불안이 가득한 바로의 세상으로 되돌아가는 것이 더없이 매력적으로 보이기 때문이다. 기억이 희미해지면 바로의 시스템이 제공했던 안전을 떠올리며 그곳에서 행복했다고 착각하고 그 착각 속의 행복을 갈망하게 된다. 그 과정은 다음과 같다.

첫째, 애굽에서 나와 새로운 내러티브로 가는 여행을 시작하자마자 바로의 시스템 속에서 살던 옛날이 좋았다는 착각과 함께 향수병이 찾아온다. 이스라엘 백성에게 새로운 내러티브는 너무 부담스럽고 불확실하게 느껴졌고, 기억은 점점 더 가물거렸다.

둘째, 이스라엘 백성이 시내산에 도착했을 때 해방과 이웃 사랑의 내러티브를 거부하려는 노력이 더 끈덕져진 것을 볼 수 있다. 시내산에서부터 새로운 내러티브가 형성되던 중 정결의 전통이 상황을 변질시키기 시작했다. 정결의 전통은 나중에 나온 것일 수 있지만 일부러 시내산 문서의 한가운데 배치되었다(출 25-31장; 35-40장; 민 10:11-36:13). '거룩함'이 생명을 위한 하나님의 선물에 접근할 자격으로 변질되면서 '거룩의 등급'(graded holiness)이라는 개념이 나타났다. 이는 적격성의 정도가 있다는 개념이다. 하나님의 선물에 접근하기에 더 적격한 사람들이 있다는 개념이다.[8]

이스라엘 백성은 바깥뜰, 성소, 지성소(성소들 중의 성소)로 구분된 거룩한 장소를 하나님의 임재와 능력이 나타나는 강도가 다른 곳으로 여겼다. 어떤 이들은 가장자리에만 들어갈 수 있었고, 중간까지 들어갈 수 있는 사람의 수는 더 적었으며, 단 한 명만 중앙에 들어갈 수 있었다. 그들은 이것을 '자격 조건이 있는 방들'로 구분하는 것으로 잘못 인식한 것이었다. 이는 이웃들 중에서 남들보다 더 나은 자를 구분하기 위함이었다.

오늘날 각각 자격 조건이 있는 세 개의 방 개념과 비슷한 예는 항공기 좌석을 이코노미석과 비즈니스석으로 나누는 것이다. 여기서 '퍼스트클래스'는 아무나 들어갈 수 없다(최근에는 매우 강력한 문으로 보호된다).[9]

물론 모든 사회 조직에는 이웃간의 차별이 존재한다. 종교적, 혹은 교육적, 혹은 인종, 계급, 성, 혹은 이데올로기적 차별이 존재한다. 시내산에서 일부 백성은 다음과 같은 거룩함의 등급 편성을 상상했다.

- 종교인들만 출입 – 일종의 의료 정책이다. 당시 제사장들은 의료를 행하는 의사들이었기 때문이다.

- 도덕적 등급 – 좋은 사람과 나쁜 사람, 정결한 사람과 불결한 사람, 계속해서 공동체를 망가뜨리는 이분법, 진보주의자와 보수주의자, 합리적인 사람과 감정적인 사람으로 등급을 나누었다.

- 경제적 등급 – 자원과 기회를 누릴 수 있는 사람들을 위한 경제적인 '거룩함'의 등급은 주로 연줄, 적시적소에 있는 것, 생산성에 따라 이루어진다. 결과적으로, 생산적이지 못한 사람들은 좋은 것들에 대한 접근에서 점점 멀어진다.

공공선에 대한 저항은 '종교적', '도덕적', '경제적' 차원이 있다. 거시적인 차원에서 신명기의 전통이 명령한 '이웃 사랑의 길'과 제사장 전통의 '거룩함의 등급 편성' 사이의 충돌이 벌어지고 있다. 둘 다 성경 속에 있다. 둘 다 시내산에서 비롯했다.

한편, 고대인들도 우리처럼 이 문제에 대해 이중적인 태도를 가지고 있었다. 그들도 옳지 않다는 것을 알면서 결국 등급을 나누기로 결정했다. 바로의 통치 아래 있던 애굽의 시스템의 대안인 출애굽-시내산의 내러티브가 주어진 뒤에도 이웃 사랑은 찾아보기 어려웠다. 이는 결국 해석들의 대결로 이어졌다. 이 대결은 유대 랍비들인 힐렐(Hillel)과 가말리엘(Gamaliel)로 이어졌고, 우리 시대에는 정통(orthodox)과 이성적인 해석 사이의 대결로 이어졌다. 공공선을 위한 대결은 끝없는 과정이다. 우리의 이중적인 태도로 인해 교회는 이 답답한 대결을 감내해야 한다.

바로의 흔적들

이웃 사랑에 관한 출애굽-시내산 내러티브는 구약의 중심 무대를 차지하고 있다. 하지만 솔로몬 왕에 이르러 이 내러티브는 심각한 난관에 부딪힌다. 솔로몬에게서 또다시 발동된 '애굽에 대한 유혹'과 '거룩함의 등급에 대한 유혹'을 볼 수 있다.

나아가, 애굽에 대한 매혹과 거룩함의 등급에 대한 유혹 사이에는 깊은 관계가 있다. 바로의 애굽 사회는 종교적, 도덕적, 경제적 차원에서 거룩함의 등급을 시행했기 때문이다(창세기 43장 32절의 식탁에서의 차별 참조). 이스라엘 백성의 기억력이 좋았다면 자신들이 애굽에서 가장 천한 계급으로서 경제적 혜택에 접근하지 못했던 것을 기억했을 것이다.

고대 이스라엘에서 가장 유명한 솔로몬 왕의 삶은 아이러니하기 짝이 없다. 그의 이름 '솔로몬'은 샬롬을 뜻하지만 오로지 왕실의 샬롬만 추구한 모습은 공공선에 철저히 위배되었다.[10]

솔로몬에 관한 기록에는 바로의 시스템의 흔적이 도처에 가득하다. 일단, 솔로몬은 바로의 딸과 결혼했다. 그는 장인의 힘을 빌리고 장인을 닮기를 원했던 것이 분명하다(왕상 3:1; 7:8; 9:16, 24 참조). 그는 애굽에서 많은 것을 들여왔을 것이다. 그중 하나는 백성을 정부의 힘을 과시하기 위한 사업에 강제 동원하는 정책이었다. 지금은 징집이란 용어를 사용하지만 고대 시대와 성경 구절에서는 "강제 노역"(forced labor)이라는 표현을 사용했다(삼상 8:10-17; 왕상

5:13-18; 9:20-22). 바로의 공공선 개념(애굽의 피라미드를 닮은 계급 체제)이 예루살렘에서 다시 나타났던 것이 분명하다.

거룩함의 등급과 그에 따른 사회의 계급 체제는 분명 바로의 흔적이었다. 알다시피 솔로몬은 거대한 성전을 비롯해 수많은 왕궁과 건물들을 건축했다. 솔로몬이 죽고 그 아들이 왕위를 계승할 때 자신은 아버지보다 더 가혹하게 백성들을 통치할 것이라고 해서 나라가 둘로 나누어졌다(왕상 12장). 이를 근거로 보면 얼마나 많은 강제 노역이 이루어졌는지를 추정해 볼 수 있다.

내세울 것 없는 이의 등장

구약을 연구해 보면 고대 이스라엘 백성 가운데 하나의 충돌을 발견할 수 있다. 이 충돌은 서서히 시작되었지만 깊이 뿌리를 내렸다. 예루살렘 사람들은 점점 특권 의식에 중독되었다. 자신들은 역사적 과정의 힘든 요구사항들에서 열외이며, 하나님의 보호 아래 특별한 특권과 안보를 누린다는 착각에 사로잡혔다.

하지만 선지자들은 이 점을 간파했다! 구약에서 오늘날 팬데믹에 비견할 수 있는 사건이 등장한다. 기원전 587년 예루살렘의 멸망에 관한 기록에 이르면 예레미야 선지자가 등장한다. 예레미야는 시를 통해 자국의 파멸을 표현했다. 오직 예레미야만이 그토록 심각한 상실을 제대로 이해할 수 있었다! 위기 속으로 깊이 들어가고 하나님의 아픈 마음을 깊이 헤아릴 수 있는 (그리고 실제로 그렇게 하는) 사람들은 경영자나 이론가, 사회 운동가, 목소리를 높이는 도덕주의자, 우파나 좌파가 아니다.[11]

예레미야는 별로 내세울 것이 없는 시골 사람이었다. 예레미야서는 그의 가문에 관한 소개로 시작된다.

> 베냐민 땅 아나돗의 제사장들 중 힐기야의 아들 예레미야
> 의 말이라(렘 1:1).

예레미야는 제사장 힐기야의 아들이었다. 그는 유다와 예루살렘의 북쪽 국경을 바로 지나서 있는 베냐민 땅 출신이었다. 그곳은 이스라엘의 상황을 관찰할 만큼 가까우면서도 이스라엘의 간섭을 받지 않을 만큼 먼 곳이었다. 예레

미야의 아버지 힐기야는 성경에서 이 외에 다른 한 곳에서 만 등장한다. 그는 요시야 왕을 위해 신명기의 두루마리를 복구하는 일을 도왔던 제사장이었다(왕하 22:8-13). 베냐민은 우리가 익히 아는 고대 지명이다. 그런데 이 도입부에서 힐 기야와 베냐민 사이에 아나돗이 있다. '아나돗'이라는 단어 를 듣자마자 퍼뜩 생각나는 것이 있지 않은가?

바로의 집권을 기록한 구절들에서 보았던 단어이다. 솔 로몬은 자신의 왕권을 반대했던 옛 제사장 아비아달에게 내린 판결에서 이 단어가 나타난다.

> 네 고향 아나돗으로 가라 너는 마땅히 죽을 자이로되(왕상 2:26).

아비아달은 예루살렘에서 쫓겨나 아나돗으로 갔다. 거 기서 그는 시골 목사로 계속 사역을 했다. 아들들을 키우 고 손자들을 돌보았다. 그들도 그처럼 제사장들이었다. 그 렇게 400년이 흘렀다. 400년 동안 그들은 매일같이 마을의 남쪽 지평선을 지켜보았다.

그들은 예루살렘의 흔적들을 눈으로 보고 귀로 소식들

을 들었다. 강제 노역과 군비 확충, 정략결혼, 착취, 수많은 왕들의 어리석음에 관한 소식을 들었다. 배타적인 종교와 애국주의적인 예외주의, '무조건적인 약속'(삼하 7:15-16)과 '하나님의 온전한 임재'(왕상 8:12-13)에 관한 확신, 학대적인 노동 정책, 절망과 불안, 자립의 환상, 기억상실증, 마침내 망상에 관한 소식들이 예루살렘에서 들려왔다. 그렇게 400년이 흐르자 예루살렘의 멸망이 눈앞에 보였다.

400년 뒤, 예루살렘에서 유배된 아비아달의 자손 예레미야가 다시 예루살렘에 나타났다. 그는 다음과 같은 말을 하며 나타났다.

베냐민 땅 아나돗의 제사장들 중 힐기야의 아들 예레미야의 말이라(렘 1:1).

아나돗에서 온 이 남자는 할 말이 있었다.

예레미야의 말이라 … 여호와의 말씀이 예레미야에게 임하였고(1:1-2).

'하나님의 말씀'이 '예레미야의 말'로 옮겨지기까지 400년이 걸렸다. 이 말은 정확히 이 순간을 위해 임한 말씀이었다. 권력 기구를 통제하는 왕들에게 선포했다.

아몬의 아들 유다 왕 요시야가 다스린 지 십삼 년에 여호와의 말씀이 예레미야에게 임하였고 요시야의 아들 유다의 왕 여호야김 시대 … 까지 임하니라(렘 1:2-3).

이것은 어느 한 왕이 아니라 권력 기구 전체를 향한 선포였다. 그래서 예레미야서의 도입부는 이렇게 끝난다.

요시야의 아들 유다의 왕 시드기야의 십일 년 말까지 곧 오월에 예루살렘이 사로잡혀 가기까지 임하니라(렘 1:3).

이것은 추방당한 선지자가 이 왕들의 치리 기간이 끝날 때까지 계속해서 그들에게 선포한 말이었다. 그는 말만 할 뿐이었다. 하지만 도시가 불길에 휩싸이고 지도자들이 다가올 멸망을 보지 못하고 있을 때 말보다 중요한 것이 또 있는가.

예레미야와 그 가문 사람들은 죽음의 궤적을 400년 동안 지켜 보았다. 바로의 시스템으로 돌아가 그들처럼 부와 힘과 세상의 지혜를 추구하는 하나님의 백성을 지켜보았다.

- 부
- 힘
- 세상 지식

이것은 죽음의 궤적이었다. 오랫동안 지속되어 온 치명적인 관행이었다. 이 치명적인 관행에 반대하고 저항하기 위해서는 더 많은 기술이나 더 많은 옹호자, 더 많은 운동가가 필요하지 않다. 그저 특별한 종류의 말이 필요하다.

예레미야의 말이라 … 여호와의 말씀이 예레미야에게 임하였고(렘 1:1-2).

400년을 지켜본 이의 탄식

예레미야는 깊은 한숨과 단호함으로 예루살렘 권력 기구의 주된 시각에 반대했다. 한 시적-선지자적 선포에서 이두 가지 시각의 충돌을 볼 수 있다. 그의 말을 들어보자.

여호와께서 이와 같이 말씀하시되 지혜로운 자는 그의 지혜를 자랑하지 말라 용사는 그의 용맹을 자랑하지 말라 부자는 그의 부함을 자랑하지 말라 자랑하는 자는 이것으로 자랑할지니 곧 명철하여 나를 아는 것과 나 여호와는 사랑과 정의와 공의를 땅에 행하는 자인 줄 깨닫는 것이라 나는 이 일을 기뻐하노라 여호와의 말씀이니라(렘 9:23-24).

총 다섯 개의 부분으로 이루어져 있다. 이 구절들은 예루살렘 당시의 위기뿐 아니라 하나님의 백성으로서 우리 시대와 장소의 위기에 대한 단서를 제공하기 때문에 살펴볼 필요가 있다.

첫째, 이 구절은 예루살렘 권력 기구의 이면에 흐르는 '치명적인 관행'을 지적하고 있다.

부를 찬양하지 말라.

힘을 찬양하지 말라.

지혜를 찬양하지 말라.

이 구절의 "자랑하지 말라"에서 '자랑하다'는 히브리어 '할렐'(hallel)이다. '여호와를 찬양하다'를 의미하는 '할렐루야'에서처럼 '할렐'은 '찬양하다'라는 뜻이다. 삶의 이런 특성들을 칭찬하거나 찬양하지 말라.

이러한 부, 힘, 지혜를 보면 예레미야가 마치 솔로몬의 작전 계획서에서 한 쪽을 그대로 가져온 것처럼 보인다. 솔로몬이 성취를 이룬 분야들을 기억하는가?

- 신비를 통제하고 기술적으로 관리하기에 충분한 '지혜'
- 비옥한 초승달 지대(Fertile Crescent)의 한복판에서 국가안보를 이루기에 충분한 '힘'
- 모든 소유욕을 충족시키기에 충분한 '부'

예레미야는 충분한 지혜와 힘과 부에 대해서 "자랑하지

말라!"라고 외친다.

둘째, 시골에서 온 이는 '다른 길'이 있다고 말한다.

> 자랑하는 자는 이것으로 자랑할지니 곧 명철하여 나를 아
> 는 것과 나 여호와 …(렘 9:24).

'할렐'은 '자랑하다'보다 '찬양하다'에 가깝다. 여기서 권하는 옳은 자랑은 출애굽의 하나님을 찬양하는 일이다. 그런데 이 새로운 길은 여호와에 관한 것이 아니다. 이 길은 이스라엘에 관한 것이기도 하다.

즉 이스라엘은 '여호와를 아는' 공동체여야 한다. 이스라엘은 세상을 향한 여호와의 목적을 알고 그분께 헌신한 공동체여야 한다. 이스라엘은 하나님을 '이해하고' 그분의 성품을 깊이 묵상해야 한다. 이 새로운 길은 하나님에 관한 지식과 분별력의 기초인 토라를 묵상하는 것이다. 하나님을 아는 것, 이는 애굽의 바로는 생각하지도 못했던 부분이었다.

셋째, 이 문장의 마지막은 "나 여호와"이다. 부, 힘, 지혜의 세상에서는 모든 사람이 맨 뒤에 위치하는 사물이나 상

품에 불과하다. 그런데 여호와가 맨 뒤에 위치하면 생명 없는 우상으로 변질된다.

여기서 여호와는 주체가 아닌 대상, 동작주가 아닌 상품, 의지를 지닌 힘이 아닌 우상이다. 그래서 이 성경 구절은 "나 여호와는…"이라고 말한다. 나는 천지를 창조한 여호와다. 나는 너희를 애굽에서 이끌어 낸 여호와다. 나는 너희의 모든 질병을 치유하고 너희의 모든 죄를 용서하는 여호와다. 나는 창조하고 회복시키는 여호와다.

이런 하나님은 자격에 따라 나뉘는 세상에 맞지 않다. 이런 하나님은 체계적이고 절대적인 통제의 세상과 맞지 않다. 이런 하나님은 그 어떤 사적인 욕심과도 충돌하게 되어 있다.

넷째, '능동태 동사'의 하나님이다. 여호와는 놀라운 형용사들의 하나님이다.

나 여호와는 사랑과 정의와 공의를 땅에 행하는 자인 줄 깨닫는 것이라 나는 이 일을 기뻐하노라 여호와의 말씀이니 (렘 9:24).

여기서 여호와가 원하시는 세 가지가 나온다. 히브리어로는 헤세드(hesed), 미쉬파트(mišpat), 체다콰(sedaqah)다.

- 사랑(헤세드)은 연합하고, 약속을 지키고, 모든 상대에게 믿을 만하게 구는 것이다.

- 구약에서 정의(미쉬파트)는 공동체의 모든 일원이 존엄성 있는 삶을 살도록 자원과 재화를 올바로 분배하는 것과 관련이 있다. 언약의 전통에서 여호와의 정의는 특별히 사회에서 합당한 자리를 유지하기 위한 힘이 없는 '과부, 고아, 이민자'에 관심을 가진다.

- 공의(체다콰)는 사회적 상황에 적극적으로 개입하는 것이다. 사회를 회복시키기 위해 적극적으로 개입하고 사회적 폐해에 반응하고 인간을 억압하는 모든 행동을 바로잡는 일이다.

이 사랑, 정의, 공의는 하나님의 목적과 이스라엘의 언약적 삶에 관한 구약의 모든 구절에서 나온다. 나아가, 이

용어들은 서로 중첩된다. 그래서 구절에서 어느 한 가지가 나타나면 다른 두 가지를 도출해 낼 수 있다. 이스라엘의 하나님은 애굽의 신들과 달리 모두의 연합을 추구하신다. 그리고 여호와 하나님과 언약을 맺은 이스라엘도 연합을 추구해야 했다.

다섯째, 예레미야는 이 구절의 끝에서 다음과 같은 말을 전한다.

> 나는 이 일(헤세드, 미쉬파트, 체다콰)을 기뻐하노라(렘 9:24).

여기서 "기뻐하다"는 선지자들의 시에서 여호와를 기쁘시게 하는 헌금과 제사를 묘사할 때 사용된 단어이다. 실제로 호세아서 6장 6절에서도 이 단어가 사용된다. 그 구절에서 호세아는 종교적 활동보다 언약적 연합을 우선시한다.

> 나는 인애를 원하고 제사를 원하지 아니하며 번제보다 하나님을 아는 것을 원하노라(호 6:6).

이 구절은 예수님에 의해 두 번 반복된다.

- 마태복음 9장 13절에서 세리 및 죄인들과 식사하는 것에 관한 논쟁에서 : 너희는 가서 내가 긍휼을 원하고 제사를 원하지 아니하노라 하신 뜻이 무엇인지 배우라 나는 의인을 부르러 온 것이 아니요 죄인을 부르러 왔노라 하시니라.

- 마태복음 12장 7절에서 안식일에 병자를 고치는 것에 관한 논쟁에서 : 나는 자비를 원하고 제사를 원하지 아니하노라 하신 뜻을 너희가 알았더라면 무죄한 자를 정죄하지 아니하였으리라.

예레미야서 9장, 호세아서 6장, 그리고 마태복음에 기록된 예수님의 두 가르침에서, 인류 공동체의 행복을 추구하는 것이 여호와가 기뻐하시는 일임을 알게 된다.

- 여호와는 언약적인 연합을 기뻐하신다.
- 여호와는 약한 자들에게 기회와 삶의 터전을 제공해 주는 정의를 기뻐하신다.
- 여호와는 사회적 안녕을 위해 개입하는 공의를 기뻐하

신다.

예레미야 선지자는 우리가 언약 안에서 하나님의 주된 성품에 관한 비밀을 알게 된 것을 자랑할 수 있는 자들이라고 말한다.

슬픔과 두려움을 지나 끝내 희망으로

예레미야는 두 개의 상반된 길을 표현했다.

- 한 길 : 지혜, 힘, 부
- 다른 길 : 사랑, 정의, 공의

'한 길'은 이웃 사랑을 침해하기 때문에 '죽음'에 이르게 한다. '다른 길'은 모든 피조물을 위한 여호와의 최상의 의도와 부합하기 때문에 '생명'에 이르게 한다. 예레미야는 이 둘 사이의 타협이나 중간지대는 없다고 말한다. 이 구절은 진보주의자와 보수주의자를 막론한 모든 사람들이 치열한 논쟁을 통해 공공선의 삶에 관해 다시 생각하게 만든다.

예레미야 시대에 이 말씀은 실제 사건들을 통해 증명되었다. 아나돗 벽촌의 목소리는 솔로몬에서 시작하여 두려움, 불안, 부족함, 탐욕, 통제에 근거한 예루살렘의 경제가 사회정치적인 실패로 이어진 과정을 추적했다. 그는 이런 실패가 예루살렘이 바벨론의 손에 멸망하는 결과를 낳았다고 말한다.

하지만 예루살렘은 여호와를 주인으로 삼았다고 하면서도 이러한 지적에 반박했다. 왕실과 제사장들이 사회적 연합에 따른 경제적 가능성을 고민조차 하지 않았기 때문에 여호와와 예레미야의 안타까움은 이루 말할 수 없었다. 예레미야는 이스라엘의 멸망을 겪었다. 그 경험은 코로나 바이러스, 인종 차별, 부의 불평등이라는 팬데믹에 따른 전 세계적인 트라우마와 크게 다르지 않다. 그는 솔로몬에게서 시작된 충돌이 결국 파국으로 치달았다는 사실을 알았다. 하지만 그는 모든 슬픔과 두려움을 지나 '희망'에 이르렀다.

우리 시대를 향한 메시지

사회적 충돌에 관한 이 내러티브가 우리 시대와 장소에 어떻게 적용되는지를 살펴볼 차례이다. 네 가지 추론을 통해 이 문제를 살펴보자.

첫째, 예레미야의 이 두 구절은 '한 길'과 '다른 길'의 서로 상충하는 두 길로 제시한다. 교회의 기억을 통해 이 둘의 충돌이 신약까지 이어진 것을 볼 수 있다. 고린도전서 1장의 도입부에서 바울은 이렇게 마무리한다.

> 기록된 바 자랑하는 자는 주 안에서 자랑하라 함과 같게 하려 함이라(고전 1:31).

이 말은 예레미야의 위 구절들을 그대로 인용한 것이다. 이것으로 보아 바울은 고린도교회의 상황이 예레미야 당시 이스라엘의 상황과 비슷하다는 점을 이해한 것이 분명하다. 고린도전서 1장에서 똑같은 충돌을 볼 수 있다. 바울의 십자가 신학에 관한 진술은 다음과 같이 마무리된다.

하나님의 어리석음이 사람보다 지혜롭고 하나님의 약하심
이 사람보다 강하니라(고전 1:25).

바울은 인간의 '지혜'보다 더 지혜로운 십자가에서의
하나님의 어리석음을 찬양한다. 그는 인간의 '힘'보다 강
한 십자가에서의 하나님의 약함을 찬양한다. 이 주장에서
그는 예레미야의 세 단어 중 두 가지, 즉 '지혜'와 '힘'을 언
급한다. 예레미야의 세 번째 단어인 '부'는 나타나지 않는
다. 하지만 부는 고린도후서 8장에 기록된 바울의 설교 주
제이다. 바울은 교회의 헌금, 가난과 부의 문제를 논한다.
이 설교에서 그는 인간의 부보다 값진 예수님의 가난을 제
시한다.

우리 주 예수 그리스도의 은혜를 너희가 알거니와 부요하
신 이로서 너희를 위하여 가난하게 되심은 그의 가난함으
로 말미암아 너희를 부요하게 하려 하심이라(고후 8:9).

가난과 부에 관한 이 주장을 고린도전서 1장의 다른 두
주장과 나란히 놓으면 예수님에 대해서도 세 가지를 얻을

수 있다. '지혜', '힘', '부'를 지나치게 중시하는 세상의 길에 대항하는 길로서 예수님은 '어리석음', '약함', '가난'을 제시하셨다. 바울은 무엇에 관해 자랑하는 것이 옳은지를 교회에 가르친 뒤에 이렇게 쓴다.

> 너희를 부르심을 보라(고전 1:26).

이것은 세상적인 지혜나 세상적인 부 혹은 세상적인 힘으로의 부름이 아니다. 이것은 이스라엘의 기억 속에 있고 예수님의 삶, 죽음, 부활을 통해 나타난 새로운 길로의 부르심이다. 교회는 이 길로 부름을 받았으며 이 길은 세상의 미래에 대한 단서를 제공해 준다. 바울은 예수님의 몸을 통해 재현된 예레미야의 시를 다시 읊고 있다. 그리고 이 시가 그리스도의 몸에서도 재현되어야 한다고 명령한다.

둘째는 다음을 살펴봐야 한다.

- 예레미야 9장 23-24절
- 바울의 고린도전서와 고린도후서

이러한 두 길의 충돌은 미국의 정치·경제적 상황과 비슷하다. 테디 루스벨트(Teddy Roosevel) 이후로 미국은 튼튼한 국가안보를 구축하여 오랫동안 권력의 중심이 되었다. 미국의 국가안보는 지혜, 힘, 부를 중심에 둔 것이 분명하다. 이 세 가지는 마치 군대를 방불케 할 만큼 공격적인 경찰의 행동과 무분별한 소비의 형태로 나타난다. 진보주의자나 보수주의자나 할 것 없이 스스로를 하나님이 가장 최근에 선택한 민족으로 여기며 이런 특권적인 지위를 당연하게 여긴다.

진보주의자와 보수주의자가 모두 처해 있는 이런 상황 속에서 언약 백성의 분명한 책임은 최근 트라이벌리즘과 미국우선주의(America First)의 언어로 가열된 국가안보의 신학적 궤적과 첨예하게 대립하는 것이다. 물론 우리는 막연하게나마 '전쟁'에 반대한다. 또한 국경에서 아이들과 부모들을 생이별시키는 것처럼 국가가 자행하는 분명한 죄들에 반대한다.

하지만 경제적으로 부유한 이들과 그 자녀들이 매일 들이마시며 아무런 생각 없이 자신의 기득권으로 여기는 소비주의 특권 의식에 대해서는 적극적으로 나서지 않고 있다. 이 분석과 추론이 조금이라도 사실이라면, 교회는 현재와 미래의 암담한 상황을 직시하여 내부의 싸움을 멈추고 이 공적이고 선교적인 문제들을 다루어야 한다. 교회가 죽음으로 이어지는 길인 국가안보의 대안을 어떻게 형성할지는 두고 볼 일이다. 믿음은 우리로 하여금 우리 역사에 깊이 뿌리를 내리고 있는 이웃 사랑의 길로 국가안보의 길을 변화시킬 것을 요구한다.[12]

셋째, 이번 장을 마치기 전에 이 새로운 길로의 부름이 목회에 관한 우리의 사고에 어떤 영향을 미치는지 살펴볼 필요가 있다. 나는 다음과 같은 세 가지 결론을 내렸다.

'헤세드', '미쉬파트', '체다콰'는 세상의 적극적이고 변혁적이고 역동적인 힘으로서 '하나님의 거룩하심'을 허용하라는 부름이다. 그때만큼이나 지금도 이 성경 구절은 세상과 첨예하게 충돌하라는 부름이다. 언약적 정절을 향한 노력은 결코 가볍게 여길 일이 아니다. 이 부름 이면의 가정은 이 거룩한 힘과 일치되지 않으면 치명적이라는 것이다.

이해하고 설명하고 통제하는 우리의 능력은 우리의 몸이 고통이라는 현실을 구체적으로 느낄 때 무너진다. 그 어떤 신학적 추론도 신정론(theodicy)과 부당한 고통의 문제를 시원하게 해결할 수 없다. 이런 고통은 연민을 통해 몸이 몸을 만질 때만 다루어질 수 있다. 이 주장은 하나님의 거룩하심이 고통을 받아들인다는 것이다.

하나님의 거룩하심이 우리의 모든 설명을 거부하는 고통과 연합한다는 것이다. 하나님은 고통을 느끼시지 않는다는 아파테이아(apatheia : 무념)의 신학이 있다. 하지만 성경 전체가 이런 무감각한 하나님을 부인한다. 거룩하신 여호와는 애굽 노예들의 울부짖음에 다음과 같이 반응하셨다.

> 내가 애굽에 있는 내 백성의 고통을 분명히 보고 그들이 그들의 감독자로 말미암아 부르짖음을 듣고 그 근심을 알고 내가 내려가서 그들을 애굽인의 손에서 건져내고(출 3:7-8).

이런 연합은 고통을, 세상을 형성하는 주된 요인으로 완전히 새롭게 바라볼 것을 요구한다. 나아가, 거룩하신 하나님을, 세상의 고통에 심히 괴로워하는 분으로 완전히 새롭게 바라볼 것을 요구한다.

거룩함과 고통의 연합은 믿을 만한 진리를 낳는다. 이

충격적인 주장은 진리를, 난처한 고통이 침투하지 못하는 완벽한 통제 시스템으로 보는 서구의 지적인 역사와 정면으로 배치된다. 하나님의 거룩하심과 세상 고통의 결합 속에서 탄생한 진리는 세상을 통제하기 위한 우리의 지식과 충돌한다. 실제로, 바울은 익숙한 한 시에서 지식의 주장들을 강한 의심의 눈으로 바라본다.

- 내가 … 모든 비밀과 모든 지식을 알…지라도 사랑이 없으면… (고전 13:2).

너무 많은 사람이 너무 적은 자원을 놓고 경쟁하는 한, 우리가 음식을 먹고 장폐색으로 고생하는 한, 우리는 발기 불능을 겪는 한, 우리가 죽고 죽이고 고생하고 기다림의 고통을 겪는 한, 이 진리는 계속해서 우리에게 행동을 촉구한다.

거룩하심과 고통이 결합하여 낳은 진리는 이 상황을 변화시킬 새로운 선물들이 나타날 것을 알고서 소망을 품는다. 이 진리는 공개적인 행동으로 표출되려고 한다.

'거룩하심', '고통', '진리'의 이상한 결합은 육체의 구체적인 행동을 요구한다. 이 거룩하심 안에서 주어진 진리는 폭력, 약탈적인 정책, 부인, 절망이 가득한 이웃들 속으로 뛰어들게 만든다. 바로 이런 이웃에 대한 참여 속에서 '헤세드', '미쉬파트', '체다콰'의 하나님이 나타난다. 그리고 그분은 변화를 일으키신다.

신학적 전통의 핵심은 다음과 같은 주장을 한다.

- 하나님의 거룩하심은 적극적이고 변혁적인 힘이다.
- 육체적 고통의 힘은 적극적인 거룩하심과 연합된다.
- 거룩하심과 고통이 결합되어 진리를 낳는다.
- 우리에게 주어진 진리는 육체적 행동으로 이어진다.

세상은 바로 이런 믿음의 공동체를 기다리고 있다.

마지막으로 한 길과 다른 길의 상반되는 두 길에 관해서 숙고하면서 나는 예수님이 두 주인을 섬기지 못하는 것과 근심에 관해 제자들에게 가르치신 말씀을 떠올렸다.

한 사람이 두 주인을 섬기지 못할 것이니 혹 이를 미워하고 저를 사랑하거나 혹 이를 중히 여기고 저를 경히 여김이라

너희가 하나님과 재물을 겸하여 섬기지 못하느니라 그러
므로 내가 너희에게 이르노니 목숨을 위하여 무엇을 먹을
까 무엇을 마실까 몸을 위하여 무엇을 입을까 염려하지 말
라 목숨이 음식보다 중하지 아니하며 몸이 의복보다 중하
지 아니하냐(마 6:24-25).

예수님은 걱정이 많은 제자들이 세상을 너무 닮았다고
말씀하신다. 그래서 세상과 다르게 행동하고, 탐욕스러운
자들이 아닌 믿음 있는 피조물(백합과 새들)처럼 행하라고 촉
구하셨다. 예수님은 백합과 새들이 그분을 쉽게 믿고 매일
그분께 늘 반응하는 것을 보시며 놀라운 말씀을 하신다.

그러나 내가 너희에게 말하노니 솔로몬의 모든 영광으로
도 입은 것이 이 꽃 하나만 같지 못하였느니라(마 6:29).

그 옛날 바로와 같이 옛 확실성을 추구하지 말라.

이는 다 이방인들이 구하는 것이라 너희 하늘 아버지께서
이 모든 것이 너희에게 있어야 할 줄을 아시느니라. 그런즉

너희는 먼저 그의 나라와 그의 의를 구하라. 그리하면 이
모든 것을 너희에게 더하시리라(마 6:32-33).

'헤세드', '미쉬파트', '체다콰'의 운율은 계속해서 들리고
있다. 이것들은 사회 체제를 뒤엎는 대안의 소수의 목소리
이다. 이 목소리가 우리에게 맡겨졌다.

chapter 3

━━━━━━━━━━━━━━━━

복음의 공공선, "이미 망가진 세상이 변할 수 있을까?"

크리스천은
상실과 슬픔을 지나
소망을 딛고 행동한다

이사야서는 복합적인 성경이다. 고대 예루살렘 성에 관한 가장 길고 장기적인 기록을 담고 있다. 이사야서를 보면 예루살렘 성은 이스라엘의 신학적 상상력의 중심을 차지하고 있다. 나아가 예루살렘 성은 다양한 형태의 현대 유대교에서도 중심에 위치하고 있다.

새로운 상상으로 이사야서 읽기

최근 이사야서는 이런 이유로 많은 해석적 관심을 끌었다. 브레버드 차일즈(Brevard Childs), 로널드 클레멘츠(Ronald Clements), 롤프 렌드토르프(Rolf Rendtroff)의 저작들은 교회의 정통적인 시각에서 이사야서의 역사비평학적 질문들을 다시 탐구해 왔다.[1] 물론 이 저작들은 이사야서를 제1 이사야(Frist Isaiah, 1-39장), 제2 이사야서(Second Isaiah, 40-55장), 제3 이사야서(Third Isaiah, 56-66장)로 나누어 다룬 점에서 기존의 합의를 따르고 있다. 하지만 이제 그들은 그런 비평적 가정들에서 벗어나 이사야서를 하나의 신학적 주장을 담은 전체로서 읽으려는 시도를 하고 있다.

실제로, 이사야서의 여러 부분들은 유기적으로 연결되어 있다. 따라서 이사야서는 여러 부분들을 그냥 짜깁기한 결과물이 아니라 일관된 신학적 상상력의 결과물이다. 많은 이사야서 해석자들과 마찬가지로 나는 비평적인 합의와 새로운 정통적 방식 사이에서 갈팡질팡하고 있다. 이사야서를 하나의 전체로 보고 싶지만 전체가 별개의 부분들로 이루어져 있다는 생각도 지울 수 없다. 이번 장에서 이런 딜레마를 어떻게 다루는지 보게 될 것이다.

다른 한편으로, 이사야서는 크리스천 독자들의 관심을 끌어왔고 지금도 계속해서 끌고 있다. 그것이 이사야서가 크리스천들의 독서에 적합하기 때문이다. 예를 들어, 존 소여(John Saywer)는 크리스천들의 이사야서 사용에 관한 *The Fifth Gospel*(다섯 번째 복음서)이라는 책을 썼다.[2] 이 제목은 한 초기 교부의 관심을 끌었다. 이 교부는 우리에게 사복음서의 내러티브가 없다면 이사야서로 대체할 수 있다고 말했다. 그것은 이사야서에 믿음에 필요한 모든 것이 담겨 있기 때문이다. 이런 판단은 특히 우리가 전례와 성구집에 이사야서 9장 2-7절의 왕의 노래나 이사야서 53장의 고난의 종의 노래를 사용하는 모습에서 드러난다.

브레버드 차일즈는 자신의 마지막 책에서 크리스천들이 이사야서 53장의 종의 노래를 흔히 그리스도론적인 관점에서 읽는 관행을 탐구했다. 그 책에서 그는 교회의 주요한 해석자들이 꾸준히 이 방식을 사용해 왔다는 점을 말해준다.[3] 그 책의 마지막 장에서 그는 포스트모던 시대의 읽기 방식이 이사야서를 그리스도론적인 관점에서 읽는 합의에서 벗어났다고 탄식하며 특별히 내 저작을 지적했다.[4]

더욱 최근에는 로버트 윌켄(Robert Wilken)이 *The Church's Bible*(교회의 성경)이라는 새로운 주석 시리즈를 통해 이사야서에 관한 초기 크리스천들의 방대한 양의 주석들을 소개했다. 이 모음집에서 그는 초기 크리스천들이 이사야서를 그리스도론적인 관점에서 읽었다는 점을 보여 주었다.[5] 나는 크리스천들의 이런 성향과 교회의 해석 역사를 잘 알고 있지만 그런 접근법이 우리 시대에 맞는지에 대해서 매우 회의적인 시각을 가지고 있다. 그 이유는 두 가지이다.

첫째, 우리가 비평적으로 아는 것들에 비추어 볼 때 이사야서를 계속해서 그런 관점에서 읽을 수 있을지가 의문스럽다.

둘째, 그럴 수 있다. 하지만 이사야서를 우리의 목적에 따라 선취하는 대체주의(supersessionism)의 오랜 역사로 볼 때 이사야서를 직접적인 그리스도론적인 관점에서 읽어야 할지에 관해서 확신이 서지 않는다. 그리스도론적인 읽기를 하되 최소한 이사야서가 그런 읽기에만 국한되지 않는다는 점을 헤아려야 한다. 더불어 다른 합당한 읽기의 여지를 허용해야 한다.

역사비평이 이런 여지를 제한한다는 판단 하에 우리의 해석이 역사비평의 가능성들에 국한되어야 한다고 믿지 않는다. 따라서 이 시대와 장소에 맞게 자유로운 상상의 행위를 허용하는 새로운 읽기를 추구한다.[6] 무조건적인 그리스도론적인 상상이 가장 적합하다고 생각하지 않는다. 이어지는 내용에서 우리 시대와 장소에 맞게 새로운 상상으로 이사야서를 읽어 볼 것이다.

거부할 수 없는 현실을 향한 걸음

이사야서는 옛 예루살렘 성에 관한 해석적 탐구이다. 예루살렘 성은 정치를 넘어 비전의 차원에서 막대한 의미를 지닌 곳이었다. 이사야서는 기원전 8세기 선지자 이사야가 품었던 예루살렘에 관한 신학적 이데올로기적 주장들에 근거한 책이다.[7] 이사야서에서 제시된 예루살렘에 관한 정치적, 신학적, 비전적 주장은 두 가지이다.

먼저, 예루살렘 전통은 다윗의 가문에 주신 무조건적인 약속에 뿌리를 두고 있다.

> 내가 네 앞에서 물러나게 한 사울에게서 내 은총을 빼앗은 것처럼 그에게서 빼앗지는 아니하리라 네 집과 네 나라가 내 앞에서 영원히 보전되고 네 왕위가 영원히 견고하리라 (삼하 7:15-16; 시 89편 참고).

이 계시는 예루살렘에 '여호와의 집'을 짓겠다는 다윗의 결심에서 비롯한 것이었다. 사무엘하 7장은 다윗의 예루살렘 정복에 관한 묘사에서 이어진 것이다(삼하 5:6-10). 이제 예루살렘 성은 '다윗의 성'으로 명명되었고, 고대의 궤가 이 성으로 옮겨졌다(삼하 6:1-19).

다른 한편으로, 예루살렘 전통은 열왕기상 8장의 솔로 몬 성전 헌당에 관한 기록에 뿌리를 두고 있다. 이 헌당식 은 여호와가 예루살렘 성전에 영원히 거한다는 시에서 절 정에 이른다.

> 그때에 솔로몬이 이르되 여호와께서 캄캄한 데 계시겠다
> 말씀하셨사오나 내가 참으로 주를 위하여 계실 성전을 건
> 축하였사오니 주께서 영원히 계실 처소로소이다 하고(왕상
> 8:12-13).

분명 여호와는 다윗에게 주신 계시에서 이런 집을 거부 하셨다. 하지만 솔로몬은 전례적인 성취를 내세운다(삼하 7:5-7; 왕상 8-9 참조). 이 두 가지, 즉 예루살렘의 왕실에 대한 '무조건적인 약속'과 예루살렘의 '하나님의 온전한 임재'는 막대한 정치적 의미를 가지는 예루살렘의 신학적 비전적 주장들의 근거가 된다.

이스라엘 도시인들의 상상력을 사로잡게 된 이런 신학

적 이데올로기적 주장들은 기원전 701년 예루살렘이 산혜립과 앗수르 군대의 공격을 기적적으로 막아내면서 더 막강한 근거를 얻게 되었다(사 37:33-38; 왕하 19:32-37).

이사야서와 열왕기하에 기록된 이 구원의 이야기는 신학적 이데올로기적 의미를 지니고 있지만 이것이 역사적인 사실이라는 점은 부인할 수 없다. 이 설명할 수 없는 구원으로 이스라엘 백성은 예루살렘 성이 역사 속의 위협들과 흥망성쇠의 영향을 받지 않는다는 결론을 내리게 된다. 이런 결론은 특히 시편 46편의 익숙한 시온의 노래에서 표현되고 있다.

하나님은 우리의 피난처시요 힘이시니 환난 중에 만날 큰 도움이시라 그러므로 땅이 변하든지 산이 흔들려 바다 가운데에 빠지든지 바닷물이 솟아나고 뛰놀든지 그것이 넘침으로 산이 흔들릴지라도 우리는 두려워하지 아니하리로다 한 시내가 있어 나뉘어 흘러 하나님의 성 곧 지존하신 이의 성소를 기쁘게 하나님이 그 성 중에 계시매 성이 흔들리지 아니할 것이라 새벽에 하나님이 도우시리로다(시 46:1-5).

따라서 이 세 가지 기억(왕조에 대한 약속, 성전의 하나님의 임재, 제국으로부터의 하나님의 구원)이 하나로 합쳐져, 예루살렘 성을 자주 위험에 빠뜨린 역사적인 복합성의 한복판에서도 확신과 자신감의 신학적 오아시스를 만들어 냈다.

기원전 8세기 선지자의 의도가 무엇이었든 이사야서는 이 이데올로기적 틀에서 전진하고 있다. 그렇다. 이사야서는 전진하고 있다. 이데올로기적 결심으로 계속 거부할 수는 없는 역사적 현실에 따라 전진하고 있다. 즉 이사야서는 신학적, 이데올로기적 가정들을 꺼내 그것들에 의문을 제기한다. 현실은 다른 방향을 가리키고 있었기 때문이다.

따라서 이사야서와 당시의 예루살렘 전통은 '신학적 주장'과 '실제 현실' 사이의 충돌을 보여 준다.

이사야서를 통한 문화 읽기

이사야서는 예루살렘에 관한 상상의 표현이다. 일단, 이사야서에서 예루살렘에 관한 내용 중 중요한 몇 구절만 살펴보자.

1장의 첫머리에서 이 시는 위협에 처한 예루살렘을 상상한다.

> 딸 시온은 포도원의 망대 같이, 참외밭의 원두막 같이, 에워싸인 성읍 같이 겨우 남았도다 만군의 여호와께서 우리를 위하여 생존자를 조금 남겨 두지 아니하셨더면 우리가 소돔 같고 고모라 같았으리로다(사 1:8-9).

이 구절은 두 가지 이미지를 보여 준다. "참외밭의 원두막 같이"는 앗수르 군대가 예루살렘 주변의 모든 것을 파괴시켜 겨우 예루살렘만 남긴 군사적 상황을 지칭하는 것으로 보인다. 이것은 심각한 취약성과 위협의 이미지이다. 이 구절은 예루살렘을 소돔과 고모라에 빗대면서 마무리된다. 소돔과 고모라는 너무 악해서 하나님의 손에 멸망된 성들이다. 이런 시가 예루살렘 성에서 읊어졌다는 사실 혹은 성경에 포함되었다는 사실이 놀랍다. 이 이미지에서 이사야는 우리 사회의 유독한 병폐들에 관해 끊임없이 신랄한 논평을 발표하는 짐 월리스(Jim Wallis)와도 같다. 이사야서는 이렇게 시작된다.

첫 번째 전환점인 40장에서 시인은 수세대를 이어져 온 고통과 포로 생활에 관한 하나님의 답을 선포한다. 그는 새로운 말로 하나님의 위로를 선포한다.

> 너희의 하나님이 이르시되 너희는 위로하라 내 백성을 위로하라 너희는 예루살렘의 마음에 닿도록 말하며 그것에게 외치라 그 노역의 때가 끝났고 그 죄악이 사함을 받았느니라 그의 모든 죄로 말미암아 여호와의 손에서 벌을 배나 받았느니라 할지니라 하시니라(사 40:1-2).

이제 이 시에서 하나님의 가혹함은 '마음에 닿는 말' 즉 '부드러운 말', 예루살렘의 상처 입은 마음을 향한 말로 바뀐다. 이제 이사야서는 새 예루살렘에 관한 상상의 글로 절정에 이른다.

> 보라 내가 새 하늘과 새 땅을 창조하나니 이전 것은 기억되거나 마음에 생각나지 아니할 것이라 너희는 내가 창조하는 것으로 말미암아 영원히 기뻐하며 즐거워할지니라 보라 내가 예루살렘을 즐거운 성으로 창조하며 그 백성을 기

뜸으로 삼고(사 65:17-18).

이것은 기존의 성이 회복된 것이 아닌 새로운 성이다. 이어서 66장 12-13절은 이사야서 65장의 전체적인 비전에 이어 하나님이 이 성을 계속해서 자상하게 돌보시는 장면을 그리고 있다.

여호와께서 이와 같이 말씀하시되 보라 내가 그에게 평강을 강 같이, 그에게 뭇 나라의 영광을 넘치는 시내 같이 주리니 너희가 그 성읍의 젖을 빨 것이며 너희가 옆에 안기며 그 무릎에서 놀 것이라 어머니가 자식을 위로함 같이 내가 너희를 위로할 것인즉 너희가 예루살렘에서 위로를 받으리니(사 66:12-13).

예루살렘 성에 대한 '처음의 가혹함'(1:8-9), '하나님의 반응의 변화'(40:1-2), 예루살렘 성에 대한 '궁극적인 소망'(65:17-18; 66:12-13)에 관한 이 간단한 밑그림만 보아도, 이 내러티브의 중심에서 균열을 발견할 수 있다. 멸망과 포로 생활이라는 역사적 현실에 따른 균열이 나타난다. 이 시와 상상의 행위가 이렇게 구성된 것은 독자들로 하여금 실제 역사 전체를 보게 만들기 위함이다. 중심의 균열을 통해 이 내러티브는 정치적 선전과 자신감의 선포를 이어가는 사무엘하 7장과 열왕기상 8장의 신학적 주장들과 강하게 충돌한다. 요컨대, 이사야서는 실제 경험을 바탕으로, 예루살렘은 역사적 위협으로부터 안전하다고 지속적으로 말하는 이데올로기적 주장들에 강하게 맞선다. 예루살렘의 역사적 취약성에 관한 주장은 독자들로 하여금 이 신학 밖으로 나와 현실에 대해 다른 반응을 할 것으로 요구한다.

논의를 이어가기 전에, 이어지는 내용에서 할 상상적 도약에 관해서 밝히려 한다. 이사야서 같은 성경이 우리 시대와 장소에 맞는 상상적 도약을 권한다고 믿는다. 하지만 그런 해석적 도약에는 분명 위험이 따른다.[8] 직접적인 그리스도론적인 도약을 원하지 않는 이유는 이미 밝혔다. 대신 '예루살렘 성'(이사야서의 주제)에 관해서 신약으로 곧장 가지 않고 다양한 측면을 아우르는 상상적인 추론을 하고 싶다.[9]

'이데올로기적 주장'과 '현실' 사이를 오가는 예루살렘 성에 관한 이 반추의 시를 서구 사회, 특별히 미국의 문화적 상황에 대한 비유로 받아들일 수 있다고 생각한다. 고대 이스라엘처럼 우리 문화는 이데올로기와 실제 경험이 충돌하고 있다. 물론 이사야서는 주변 여러 나라와 전쟁들을 겪었던 실제 예루살렘 성에 관한 책이다. 하지만 나의 해석적인 시도가 합당하다고 생각한다. (우리 문화와 마찬가지로) 모든 도시(왕과 성전; 대통령과 월스트리트; 연방정부와 이데올로기에 사로잡힌 대법원)의 문화는 정치 경제적 현실과 전혀 다른 이데올로기적 주장으로 가득하기 때문이다. 그래서 이사야가 고대 이스라엘과 동시에 우리 문화에 관해서 말하고 있는 것으로 보고서 이사야서를 읽을 것을 제안한다. 이 두 이야기의 중심에는 모두 균열이 존재한다.

도시 문화에 관한 길잡이

이제 이사야서를 우리 도시 문화에 관한 진단이자 길잡이로서 읽을 것이다. 지금 우리 문화의 중심에는 깊은 이데올로기적 위기를 가져온 균열이 있다. 물론 이것이 이사야서의 의도는 아니라고 생각한다. 그럼에도 이사야서에서 항상 새로운 '의미'를 찾아낼 수 있다. 우리 시대의 독자들은 이사야서를 읽으면서 고대 도시의 위기와 현대의 위기를 동시에 생각할 수밖에 없다. 이사야서를 읽으면서 다음과 같은 여섯 개의 순간들을 찾아냈다. 해석자들이 균열을 다루고 회복에 이르려면 이 순간들을 놓쳐서는 안 된다.

상실(사 1-39장).

이 문제를 길게 다루지는 않을 것이다. 1-39장의 내용은 매우 복잡하지만 이 책을 빨리 진행하고 싶기 때문에 두 가지만 짚고 넘어가겠다.

첫째, 이 장들의 주제는 '상실'이다. 이 장들은 여호와 하나님과 언약을 맺었지만 반항하는 공동체는 멸망할 수밖에 없다는 사실을 언약적, 예언자적 상상으로 예상하는 내용이다. 상실은 다양한 방식으로 나타난다.

1장에서 우리는 다양한 이미지를 볼 수 있다. 삼키는 이방인들(7절), 상하고 터지고 피를 흘리는 상처들(6절), 왕들을 잃고 사사로 돌아가는 것(26절), 3장에서 예루살렘은 모든 리더(2-4)와 모든 값진 것들(18-23)을 빼앗긴다.

어리석은 선택들의 필연적인 결과로 찾아올 고난을 예

상하는 일련의 "화 있을진저"가 나타난다(58-22; 10:1-4; 28:1; 29:1, 15; 30:1; 31:1).

히스기야 왕은 1장의 내용, 곧 멸망하고 포로로 잡혀갈 예루살렘의 미래에 관해서 듣는다(39:1-8). 이 부분을 멸망으로 이어지는 '하나님의 심판'으로 여기기 쉽고, 실제로 그렇게 하는 것이 일반적이다. 하지만 더 근본적인 현실은 심판이 아니라 상실이라고 생각한다. '하나님의 진노'라는 표현은 상실을 설명하고 정당화하기 위한 전략이다.[10]

이 시가 초점을 맞추고 예상하는 현실은 기존 세상의 상실이다. 안전과 확실성이 사라지는 것을 의미한다. 선지자들의 글에서 흔히 볼 수 있듯이 언약 위배로 인한 상실에는 도덕적 차원이 있다. 하지만 그 차원을 파헤치는 것은 해석의 몫이다. 명백한 사실은 기존의 세상은 더 이상 없다는 것이다. 이런 식으로 보면 이사야는 꾸짖거나 수치를 주고 있는 것이 아니다.

이사야는 단지 청중이 사랑하는 성, 도시 이데올로기의 엔진이 사라졌다는 현실을 직시하게 만들고 있다. 39장에서 이사야서는 독자들에게 상실을 부인하지 않고 직시할 시간을 준다.

둘째, 마빈 스위니(Marvin Sweeney)가 지적했듯이 1-12장은 네 개의 약속으로 구성된다. 이 약속들은 2장 2-5절, 4장 2-6절, 9장 2-7절, 11장 1-9절에서 나타난다.[11] 이사야서는 균열을 넘어 새로움을 바라본다. 하지만 이사야서 1-29장에서의 주된 주제는 균열 너머가 아니다. 균열 너머를 바라보는 것은 시기상조다.

슬픔(예레미야애가)

이사야서는 39장에서 40장으로 곧바로 넘어간다. 하지만 비평적인 학자들은 이것이 기원전 700년에서 기원전 540년으로 많은 시간을 순식간에 뛰어넘는다는 점에 주목했다. 우리가 이 간격을 역사적으로, 연대기적으로 살펴볼 필요는 없지만, 상실과 위로 사이의 간격에 관해서 깊이 생각할 필요는 있다.

위로로 곧장 넘어갈 수는 없다. 모든 신학자는 이 점을 잘 알고 있다. 결과적으로 우리는 이렇게 물어야 한다. "이 간격에 무엇이 들어가는 것이 좋을까?" 비평적인 학자들은 30장과 40장 사이에서 아름답고 용감한 슬픔의 표현인 예레미야애가를 음미해야 한다고 말할 것이다.[12] 노먼 갓월

드(Norman Gottwald)는 이 슬픔의 시가 바벨론으로 끌려가지 않고 그 땅에 남은 자들의 목소리를 담았다고 추정했다.[13] 그들은 매일 '현장'을 방문하며 상실을 떠올렸다.

그들은 상실을 말로 표현했다. 버려지고 추락한 삶을 있는 그대로 표현했다. 그러면서 다음과 같은 신학적 결론을 내렸다.

위로하는 자가 없다(애 1:2, 9, 17, 21).

상실에 대한 반응으로서 슬픔을 말로 표현하는 모습이 이 시대에도 나타나고 있다. 하지만 이스라엘 백성은 늘 슬픔을 표현해 왔다. 그들은 바로를 향해 울부짖은 이후로 온갖 것들에 관해 계속해서 슬픔을 표현해 왔다(출 2:23-24).[14]

지금도 크리스천들은 그런 슬픔을 듣지만 아직 우리는 공적인 상실에 대한 공적인 슬픔으로 나아가지는 못했다. 이데올로기가 약속한 안전의 조직이 갈가리 찢겨진 데 대한 슬픔을 아직 공적으로 표현하지 않고 있다.

다윗과 솔로몬 성전의 시대에 예루살렘은 안전을 보장받은 것처럼 보였다. 마찬가지로 미국인들은 자신들이 위협의 영향을 받지 않는다고 생각해 왔다. 하지만 현재의 상실은 고통스러운 말을 이끌어 낸다. 이 상실은 잔혹한 이미지를 떠올리게 만든다. 울고 고백하고 비난하게 만든다. 이것이 인간의 실패인지 하나님의 진노인지 공격적인 학대인지, 아니면 이 모든 경우인지 몰라 혼란스럽게 만든다.

예레미야애가의 다섯 번째 시는 믿음, 솔직함, 당혹스러움의 구성으로 마무리된다.

- 찬송(애 5:19) : 여호와여 주는 영원히 계시오며 주의 보좌는 대대에 이르나이다.

- 비난조의 두 질문(애 5:20) : 주께서 어찌하여 우리를 영원히 잊으시오며 우리를 이같이 오래 버리시나이까?

- 이중 탄원(애 5:21) : 여호와여 우리를 주께로 돌이키소서. 그리하시면 우리가 주께로 돌아가겠사오니.

- '슬픔과 혼란'이라는 이상한 마무리(애 5:22) : 주께서 우리를 아주 버리셨사오며 우리에게 진노하심이 참으로

크시니이다.

이 마지막 구절은 의문과 혼란의 표현이다. 슬픔과 앞으로 어떻게 될지 모른다는 혼란감이 가득하다. 그래서 기다리기는 하지만 일단 슬픔을 표현한 뒤에 기다린다.[15] 이런 시를 계속해서 읊었던 옛 이스라엘 사람들은 침묵을 깨면 고통을 털고 다시 살아갈 수 있다는 것을 알았다.

하지만 안전의 확신이 무너진 지금, 우리는 현실을 부인하며 아무렇지 않은 척하고 있다. 그래서 더 나아가지 못하고 있다. 상실의 순간에서 다음 단계로 넘어가지 못하고 있다. 이스라엘 백성은 '상실을 슬퍼하면' 새로움이 찾아온다는 것을 알았다. 반대로, '상실을 부인하면' 사회적 역기능이 찾아오고 결국 폭력이 발생한다.[16]

소망(사 40-55장).

우리는 39장 뒤에 나오는 40장에 너무 익숙해져서 상황이 반드시 그렇게 되는 것은 아니라는 점을 고려하지 않는다. '옛 것들'이 저절로 '새 것들'로 이어지지는 않는다. 39장에서 40장으로 이어지는 길은 오직 예레미야애가를 통해

야만 한다. 상실에서 시작된 길은 슬픔을 지나야 한다.

슬픔은 '위로하는 자가 없다'는 사실에 관해서 깊이 생각하는 것이다. '위로하는 자가 없다'라는 예레미야애가의 한탄은 이사야서 40장에서 응답된다.

"위로하라." 이것은 하나님의 응답이다. 상실을 표현한 슬픔의 소리를 들으시는 분의 응답이다. 40-55장은 '슬픔'의 표현에 대한 하나님의 '소망'의 응답이다. 제2 이사야서는 예레미야애가에 대한 응답이다. 그것은 슬픔의 목소리에 대한 소망의 응답이다. 이는 "고난이 … 소망을 낳는다"라는 바울의 확신의 실례이다. 다만 나는 반드시 고난을 '말로' 표현해야 한다는 단서를 달고 싶다. 고난을 말로 표현하지 않으면 소망이 없다.

우리는 1-39장의 상실과 예레미야애가의 슬픔의 표현을 보지 않고서 제2 이사야서를 읽는 경향이 있다. 고통을 인정하지 않고서 곧바로 소망을 찾으려고 한다. 무엇보다도, 그것은 소망을 합당하게 만드는 상실과 슬픔의 고통스러운 준비 작업을 거치지 않은 피상적인 소망이다. 준비 작업을 거치지 않고 소망을 제시하는 것은 너무 쉽고 무책임하다. 그런 소망에는 변화시키는 힘이 없다. 그것은 마치

성금요일의 상실 없이 부활절의 승리를 얻으려는 것이나 마찬가지이다.

예루살렘에 관한 이사야서의 긴 내러티브, 나아가 모든 실패한 도시 문화의 내러티브와 관련해서 소망에 관해 생각해 보자. 이 시에서 소망의 중심적인 네 측면을 살펴보고자 한다. 나는 어떤 경우든 상실과 슬픔에 처한 공동체를 실제로 회복되려면 이 네 측면이 중요하다고 믿는다. 소망의 네 가지 차원은 사실 우리 모두가 아는 것이다. 하지만 도시 문화의 이 실패 속에서 다시 들을 만한 가치가 있다. 우리의 배경에서 소망은 확신, 대결, 떠남의 형태를 띤다.

상실과 슬픔에 반응하는 소망의 첫 번째 측면은 '새로움'을 '말로' 표현하는 것이다. 이는 듣는 이들을 변화시키는 힘이 있다. 이사야서 40장 1-11절은 예루살렘을 향한 하나님의 새로운 선포이다. 멸망한 성이 불순종으로 인한 고난을 충분히 겪었고 이제 새롭게 회복되기 직전이라는 선포이다. 새로움이 준비되었다. 새로움이 '다른 어딘가'에서 오고 있다. 즉 이 새로움은 이 땅의 조건이나 준비 상태에 따라 좌지우지되지 않는 하늘의 결심에서 비롯한다.

3-5절의 "대로"의 이미지는 집으로 가는 길에 관한 것이

다. 이 이미지에서 사복음서가 모두 세례 요한과 이 구절의 인용으로 시작된다는 점을 발견했다. 이는 예수님이 후대에 나타난, 집으로 가는 길의 리더이시라는 점을 시사한다. 풀, 꽃, 말씀에 관한 목소리들은 세상의 거부에 좌지우지되지 않는 하나님의 결심을 선포한다.

요지는 집으로 가는 길의 이미지와 하나님의 결심에 관한 말씀 이후 9절에 나온다. 9절은 하나님의 명령이다. 새로움을 이 땅으로 가져오는 법에 관한 규정이다. 이는 과감한 선포를 통해서만 이루어질 수 있는 뜻밖이고 불가해한 침범을 위한 전략이다. 이는 '명령'이다. "오르라." 명령을 받은 사람들이 누군지가 나타난다.

"아름다운 소식을 전하는 자." 이는 상실과 슬픔에 빠진 시스템 밖에서 들려오는 '복음'이란 단어가 성경에서 처음으로 분명하고도 의도적으로 사용된 경우이다. 이 말은 하나님의 분명한 결심에서 비롯한다. 하지만 인간의 선포를 필요로 한다. 미래는 인간의 선포에 달려 있으며, 선포의 '내용'은 이것이다. "자, 네 하나님을 소개한다." 혹은 "네 하나님을 보라."

이는 유대의 모든 가능성이 제국의 요구로 인해 무너져

내린 절망의 환경 속에서 이스라엘의 하나님, 예루살렘의 하나님의 재등장을 알리는 선포이다. 바벨론은 강압과 전례적인 선전을 통해 포로 유대인들의 상상 속에서 여호와를 완전히 지워 버렸다. 그런데 제국의 요구를 통해 지워졌던 분이 인간의 시적 선포를 통해 다시 등장하여 제국의 요구에 맞서신다. 52장 7절에서도 같은 주장이 나타난다. 단, 이번에는 메시지가 더욱 구체적이다.

> 좋은 소식을 전하며 평화를 공포하며 복된 좋은 소식을 가져오며 구원을 공포하며 시온을 향하여 이르기를 네 하나님이 통치하신다 하는 자의 산을 넘는 발이 어찌 그리 아름다운가(사 52:7).

"네 하나님"이 돌아오신다. 무엇보다도 "네 하나님이 통치하신다." 전례적이고 극적인 방식으로 표현하자면 "네 하나님이 왕이 되셨다." 이 시적 언어의 주장은 바벨론의 지배적 주장을 뒤엎는 간단한 선포를 통한 저항과 전복의 행위이다. 복음의 선포는 잊히지 않고 기억 속에 있는 예루살렘의 전례를 소환하는 것이다. 이 전례를 통해 예루살렘은 눈앞의 현실과 전혀 다른 대담한 주장을 펼칠 수 있었다.

> 모든 나라 가운데서 이르기를 여호와께서 다스리시니 세
> 계가 굳게 서고 흔들리지 않으리라 그가 만민을 공평하게
> 심판하시리라 할지로다(시 96:10).

예루살렘은 작은 벽지의 도시였고 여호와는 작은 민족
의 하나님이었음에도 예루살렘의 전례에서 이런 대담한 주
장이 이루어졌다. 복음의 주장은 실로 엄청나다. 이 주장이
옛 전례에서 소환되어 더 대담하게 다시 선포되고 있다. 이
번에는 여호와가 아예 주권적이지 않게 보이는 상황이다.

이런 소식의 목적은 포로 된 자들을 제국의 가정들에서
이끌어 내어 새로운 가능성으로 나아가게 만드는 것이다.
이 시의 의도는 청중이 안전지대에서 나와, 좋은 미래를 만
들 생각이 없는 무시무시한 제국의 신들 한복판에서 여호
와 하나님에 관해 감탄하는 것이다.

이 시는 유대의 청중에게 곤란한 질문을 던지고 결정을
내리게 만든다. 네 말처럼 여호와가 왕이라면 다른 원고들
은 무엇인가? 이어서 이 시는 제국의 현실에 관한 가정들을

와해시킨다. 뼛속까지 느껴지는 눈앞의 위기 속에서 희망의 시인은 극적인 장면을 상상한다. 신들의 재판을 상상한다. 이사야서 41장 21-29절에서 그런 재판의 장면이 펼쳐진다. 21-24절에서 제국의 신들이 증거를 제시할 수 있는 재판이 열린다. 하나님은 이 신들에게 진짜 신의 증거를 제시하라고 도발하신다. 그들이 미래를 만드는 것이라면 그 미래를 말해 보라고 도발하신다. 과거가 그들의 작품이었다면 과거를 말해 보라고 도발하신다.

> 나 여호와가 말하노니 너희 우상들은 소송하라 야곱의 왕이 말하노니 너희는 확실한 증거를 보이라 장차 당할 일을 우리에게 진술하라 또 이전 일이 어떠한 것도 알게 하라 우리가 마음에 두고 그 결말을 알아보리라 혹 앞으로 올 일을 듣게 하며(사 41:21-22).

물론 아무런 답이 없다. 이 신들에게 능력을 증명해 보라는 조롱이 날아온다. "복을 내리든지 재난을 내리든지 하라. 우리가 함께 보고 놀라리라." 하지만 역시 답이 없다!
이어서 진짜 신이 아니라는 유죄 판결이 내려진다.

보라 너희는 아무것도 아니며 너희 일은 허망하며 너희를 택한 자는 가증하니라(사 41:24).

제국의 신들을 예배하는 자들도 거룩하고 신성한 것의 정반대인 가증한 자라는 판결을 받는다. 이 시적인 시나리오는 제국의 힘을 강하게 허물어, 청중으로 하여금 제국이 관심이나 충성을 받을 만하다는 가정에 대해 다시 생각하게 만든다.

이어서 시가 중단된다. 재판이 중단된다. 이윽고 여호와가 능력을 증언하신다.

내가 한 사람을 일으켜 북방에서 오게 하며 내 이름을 부르는 자를 해 돋는 곳에서 오게 하였나니 그가 이르러 고관들을 석회 같이, 토기장이가 진흙을 밟음 같이 하리니 누가 처음부터 이 일을 알게 하여 우리가 알았느냐 누가 이전부터 알게 하여 우리가 옳다고 말하게 하였느냐 알게 하는 자도 없고 들려주는 자도 없고 너희 말을 듣는 자도 없도다 (사 41:25-26).

시인은 북방 바사(이란)의 고레스를 가리킨다. 하지만 재판은 고레스에 관한 것이 아니다. 재판은 국제적인 격변을 일으키시는 하나님에 관한 것이다. 여호와는 자존감을 내세우시는 것이 아니다. 단지 그분의 백성들이 그분의 강하심을 똑똑히 보기 전까지는 용기를 회복해서 과감히 저항할 수 없기 때문이다. 다른 가능성에 대한 확신이 바로 복음이다.

> 내가 비로소 시온에게 너희는 이제 그들을 보라 하였노라
> 내가 기쁜 소식을 전할 자를 예루살렘에 주리라(사 41:27).

시가 끝나고 마지막 29절은 재발이 없도록 처음의 유죄 판결을 반복한다.

> 보라 그들은 다 헛되며 그들의 행사는 허무하며 그들이 부어 만든 우상들은 바람이요 공허한 것뿐이니라.

이 시는 시일 뿐이다. 형이상학적인 그 어떤 것이 이루지 못한다. 다만 이 시는 상상으로의 초대이다. 끌려간 자

들에게 다른 가능성을 보라는 초대이다. 그렇게 하려면 제국이 정치적 경제적 주장과 함께 내세우는 제국과 신학에 관한 검증되지 않은 가정들을 과감히 떨쳐내야 한다. 시인은 다른 행동의 가능성을 가리킨다.

똑같은 대결의 드라마가 이사야서 45장 20-24절에서 다시 펼쳐진다. 우상 숭배자들에게 증거를 대라는 도발이 나타난다. 이 프로그램의 제목으로 '바벨론 아이돌'이 어울리지 않을까 싶다.

> 열방 중에서 피난한 자들아 너희는 모여 오라 함께 가까이 나아오라 나무 우상을 가지고 다니며 구원하지 못하는 신에게 기도하는 자들은 무지한 자들이니라 너희는 알리며 진술하고 또 함께 의논하여 보라(사 45:20-21 전반부).

하지만 재판관은 질문에 대한 답을 기다리지도 않는다. 질문은 "누가?"이다. 시인이 잠시도 참지 못하고 곧장 내놓은 답은 "여호와"이다.

이 일을 옛부터 듣게 한 자가 누구냐 이전부터 그것을 알게 한 자가 누구냐 나 여호와가 아니냐 나 외에 다른 신이 없나니(사 45:21 후반부).

이어서 여호와의 말씀이 펼쳐진다. 여호와는 질문에 대한 답을 넘어 의와 승리를 선포한다.

땅의 모든 끝이여 내게로 돌이켜 구원을 받으라 나는 하나님이라 다른 이가 없느니라 내가 나를 두고 맹세하기를 내 입에서 공의로운 말이 나갔은즉 돌아오지 아니하나니 내게 모든 무릎이 꿇겠고 모든 혀가 맹세하리라 하였노라 내게 대한 어떤 자의 말에 공의와 힘은 여호와께만 있나니 사람들이 그에게로 나아갈 것이라 무릇 그에게 노하는 자는 부끄러움을 당하리라 그러나 이스라엘 자손은 다 여호와로 말미암아 의롭다 함을 얻고 자랑하리라 하느니라(사 45:22-25).

모든 무릎, 모든 혀! 모든 바벨론 사람들의 무릎과 혀, 제국의 모든 무릎과 혀, 그 이후로 그 어떤 무릎도 제국 앞에 꿇리지 않을 것이다. 그 어떤 혀도 제국을 찬양하는 데

쓰이지 않을 것이다. 물론 이것은 시일 뿐이고, 시는 당장 현실을 바꾸지 못한다. 하지만 시는 방향을 조금씩 바꾸고 상상력을 자극한다.

확신

직접적인 '확신'의 계시로 대결이 심화된다. 기존 정권의 하수인이 아닌 하나님이 말씀하신다. 새롭게 권좌에 오르신 하나님이 말씀하신다. 이 하나님은 두려움에 반대하는 말씀을 하신다. 제국의 신들은 모두가 외부의 위협에 대한 두려움 속에서 살게 만들었다. 하지만 이 시적인 선포를 통해 모든 것이 달라졌다. 포로로 끌려간 백성들은 더 이상 두려워서 떨 필요가 없다. 강하게 일어설 수 있다. 기적을 통해 자신의 삶을 새롭게 상상할 수 있다. 새로운 가능성에 온 힘을 쏟을 수 있다.

- 두려워하지 말라 내가 너와 함께함이라 놀라지 말라 나는 네 하나님이 됨이라 내가 너를 굳세게 하리라 참으로 너를 도와주리라 참으로 나의 의로운 오른손으로 너를 붙들리라 … 이는 나 여호와 너의 하나님이 네 오

른손을 붙들고 네게 이르기를 두려워하지 말라 내가
너를 도우리라 할 것임이니라 버러지 같은 너 야곱아,
너희 이스라엘 사람들아 두려워하지 말라 나 여호와가
말하노니 내가 너를 도울 것이라 네 구속자는 이스라
엘의 거룩한 이이니라(사 41:10, 13, 14).

• 야곱아 너를 창조하신 여호와께서 지금 말씀하시느니
라 이스라엘아 너를 지으신 이가 말씀하시느니라 너는
두려워하지 말라 내가 너를 구속하였고 내가 너를 지
명하여 불렀나니 너는 내 것이라 네가 물 가운데로 지
날 때에 내가 너와 함께할 것이라 강을 건널 때에 물이
너를 침몰하지 못할 것이며 네가 불 가운데로 지날 때
에 타지도 아니할 것이요 불꽃이 너를 사르지도 못하
리니 대저 나는 여호와 네 하나님이요 이스라엘의 거
룩한 이요 네 구원자임이라 내가 애굽을 너의 속량물
로, 구스와 스바를 너를 대신하여 주었노라 네가 내 눈
에 보배롭고 존귀하며 내가 너를 사랑하였은즉 내가
네 대신 사람들을 내어 주며 백성들이 네 생명을 대신
하리니 두려워하지 말라 내가 너와 함께하여 네 자손

을 동쪽에서부터 오게 하며 서쪽에서부터 너를 모을
것이며 내가 북쪽에게 이르기를 내놓으라 남쪽에게 이
르기를 가두어 두지 말라 내 아들들을 먼 곳에서 이끌
며 내 딸들을 땅끝에서 오게 하며 내 이름으로 불려지
는 모든 자 곧 내가 내 영광을 위하여 창조한 자를 오
게 하라 그를 내가 지었고 그를 내가 만들었느니라(사
43:1-7).

- 너희는 두려워하지 말며 겁내지 말라 내가 예로부터
  너희에게 듣게 하지 아니하였느냐 알리지 아니하였느
  냐 너희는 나의 증인이라 나 외에 신이 있겠느냐 과연
  반석은 없나니 다른 신이 있음을 내가 알지 못하노라
  (사 44:8).

여기서 확신(복음의 말, 실패한 신들에 대한 반박, 두려움 해소)은
변화시키는 힘을 지닌 '인간 대리자의 확신'에서 정점에 이
른다. 소망의 시는 뜬구름을 잡는 이야기가 아니라 현실적
인 이야기이다. 교회에서 '동일실체'(homoousia)라는 용어를
만들어 내기도 전에 이 시는 하늘의 결심과 이 땅의 가능성

을 연결시킬 방법을 찾아냈다.

> 고레스에 대하여는 이르기를 내 목자라 그가 나의 모든 기
> 쁨을 성취하리라 하며 예루살렘에 대하여는 이르기를 중
> 건되리라 하며 성전에 대하여는 네 기초가 놓여지리라 하
> 는 자니라(사 44:28).

예루살렘의 운명은 고레스의 임명과 연결되어 있다. 놀
랍도록 구체적인 이 진술은 여호와에 관한 일련의 1인칭
진술들로 이루어지며, 창조에서 시작하여 나중에 회복된
예루살렘이 될 실패한 예루살렘이라는 구체적인 표적으로
이동한다. 이 시적인 해석에서 예루살렘은 '하늘의 도성'이
아니다. 이 예루살렘은 인간의 행동을 요구하는 이 땅의 성
이다.

> 여호와께서 그의 기름부음을 받은 고레스에게 이같이 말
> 씀하시되 내가 그의 오른손을 붙들고 그 앞에 열국을 항복
> 하게 하며 내가 왕들의 허리를 풀어 그 앞에 문들을 열고
> 성문들이 닫히지 못하게 하리라(사 45:1).

고레스를 기름부음 받은 자, 메시아, 그리스도로 상상해 보라. 이는 실패한 도시 문화의 구성원들에게 이 땅에서 '구체적으로' 이루어질 수 있는 일을 제시하는 약속이다.

대결

이 소망은 쉬운 소망이 아니다. 이 소망은 앞서 재판 장면에서 본 '대결'을 거쳐야 이루어지는 소망이다. 대결이 필요하다. 바벨론은 계속해서 강하게 군림하기 때문이다. 무엇보다도 바벨론은 유대인들의 상상을 철저히 통제했다. 유대인들은 제국의 틀 밖에서 상상할 수 없었다. 그래서 시인이 제국을 상대한다. 시인 대 제국, 이 얼마나 놀라운 일인가!

이사야서 46장의 대결은 신들 사이의 '신학적' 대결이다. 이사야서 46장 1-2절은 바벨론의 신들을 약하고 무능력해서 옮겨줄 사람을 필요로 하는 불쌍한 신들로 묘사한다.

사람들이 주머니에서 금을 쏟아 내며 은을 저울에 달아 도금장이에게 주고 그것으로 신을 만들게 하고 그것에게 엎드려 경배하며 그것을 들어 어깨에 메어다가 그의 처소에 두면 그것이 서 있고 거기에서 능히 움직이지 못하며 그에게 부르짖어도 능히 응답하지 못하며 고난에서 구하여 내지도 못하느니라(사 46:6-7).

반면 여호와는 오히려 옮겨 주시는 하나님이다.

너희가 노년에 이르기까지 내가 그리하겠고 백발이 되기까지 내가 너희를 품을 것이라 내가 지었은즉 내가 업을 것이요 내가 품고 구하여 내리라(사 46:4).

이 비교는 결정을 촉구한다. 46장의 신학적 대결은 47장의 '정치적' 대결과 짝을 이룬다. 시인은 교만한 제국이 이제 굴욕을 당해 노예로 전락한 모습을 상상한다(1-5절). 제국의 굴욕을 예상하는 근거는 하나님이 유대인들을 벌하기 위해 그들을 제국에 넘겼는데 제국이 자비를 보여 주지 못했다는 것이다.

전에 내가 내 백성에게 노하여 내 기업을 욕되게 하여 그들을 네 손에 넘겨주었거늘 네가 그들을 긍휼히 여기지 아니하고 늙은이에게 네 멍에를 심히 무겁게 메우며(사 47:6).

모든 제국은 자비에 서투르다. 느부갓네살의 항의가 귀에 들리는 듯하다. "자비라는 말씀은 하신 적이 없지 않습니까?" 그러면 여호와는 이렇게 대답하실 것이다. "꼭 말해야 하느냐? 나는 자비의 하나님이 아니더냐. 나는 특히 내백성들에게 자비를 베푸는 하나님이다."

느부갓네살은 탁월한 군사 전문가였을지 몰라도 신학에 대해서는 철저히 실패했다. 모든 제국이 그렇다. 모든 제국은 누구도 자신을 어쩌지 못한다고 착각한다.

> 말하기를 내가 영영히 여주인이 되리라 하고 이 일을 네 마음에 두지도 아니하며 그들의 종말도 생각하지 아니하였도다 그러므로 사치하고 평안히 지내며 마음에 이르기를 나뿐이라 나 외에 다른 이가 없도다 나는 과부로 지내지도 아니하며 자녀를 잃어버리는 일도 모르리라 하는 자여 너는 이제 들을지어다 … 네가 네 악을 의지하고 스스로 이르기를 나를 보는 자가 없다 하나니 네 지혜와 네 지식이 너를 유혹하였음이라 네 마음에 이르기를 나뿐이라 나 외에

다른 이가 없다 하였으므로(사 47:7-8, 10)

제국의 이런 착각은 신학적인 계산착오로 이어진다. 시인의 말처럼 제국이 아무리 이렇게 착각해도 엄연히 자비의 여호와가 계신다. 시적인 선포를 하시는 여호와, 자비로 제국에 맞서 미래를 만들어 가는 여호와가 계신다.

행동

이사야서 46장의 신학적 대결과 이사야서 47장의 정치적 대결 이후 유대인들은 감격하여 결정을 내렸을 것이다. 하지만 확신과 대결만으로는 충분하지 않다. 행동까지 나아가야 한다. 그래서 확신과 대결 이후 '떠나라는' 명령이 나타난다. 이것이 이 시가 대로에서 시작된 이유이다. 가야만 한다! 계속되는 줄거리 속에서 이제 시인은 청중에게 시급한 명령을 전한다.

- 여호와의 손에서 그의 분노의 잔을 마신 예루살렘이여 깰지어다 깰지어다 일어설지어다 네가 이미 비틀걸음 치게 하는 큰 잔을 마셔 다 비웠도다(사 51:17).

- 시온이여 깰지어다 깰지어다 네 힘을 낼지어다 거룩한 성 예루살렘이여 네 아름다운 옷을 입을지어다 이제부터 할례 받지 아니한 자와 부정한 자가 다시는 네게로 들어옴이 없을 것임이라 너는 티끌을 털어 버릴지어다 예루살렘이여 일어나 앉을지어다 사로잡힌 딸 시온이여 네 목의 줄을 스스로 풀지어다(사 52:1-2).

- 너희는 떠날지어다 떠날지어다 거기서 나오고 부정한 것을 만지지 말지어다 그 가운데에서 나올지어다 여호와의 기구를 메는 자들이여 스스로 정결하게 할지어다 여호와께서 너희 앞에서 행하시며 이스라엘의 하나님이 너희 뒤에서 호위하시리니(사 52:11-12).

포로로 끌려갔던 자들이 집으로 돌아오고 있다. 제국의 치명적인 압박을 떨쳐내고 아름다운 옷을 입고 있다. 그들은 거룩해야 한다. 즉 여호와가 이끄시는 여행에만 오롯이 집중해야 한다. 그들은 일등석 승객이다. 애굽에서처럼 허겁지겁 이동할 필요가 없다. 여호와가 앞뒤에서 가시니 여행 내내 안전할 것이다. 하지만 어쨌든 떠나야 한다.

제2 이사야서의 시는 기쁘게 떠나는 장면에 관한 비전으로 마무리된다.

> 너희는 기쁨으로 나아가며 평안히 인도함을 받을 것이요 산들과 언덕들이 너희 앞에서 노래를 발하고 들의 모든 나무가 손뼉을 칠 것이며 잣나무는 가시나무를 대신하여 나며 화석류는 찔레를 대신하여 날 것이라 이것이 여호와의 기념이 되며 영영한 표징이 되어 끊어지지 아니하리라(사 55:12-13).

떠나는 것은 고통스러운 일이 아니다. 기쁜 일이다. 샬롬이 가득하다. 모든 피조물의 축하가 잇따른다. 인간이 제국에서 해방되어 마땅한 운명으로 돌아가는 모습에 모든 피조물이 더없이 기뻐한다. 다른 피조물의 박수갈채에 관한 이 마지막 진술은 40장 5절에서 모든 육체가 이 광경을 함께 볼 것이라고 예상한 대목을 떠올리게 만든다. 모든 피조물이 제국에서의 떠남을 보고 노래하며 춤을 춘다.

이 모두는 좋은 소식이다. 하지만 이 소식을 듣기만 해서는 곤란하다. 떠나야 한다! 이스라엘은 항상 제국을 떠나왔다. 이 떠남은 애굽에서 시작되었다. 그리고 이 떠남을 통해 느부갓네살은 이스라엘의 운명을 방해하는 제국의 힘을 의미하는 주된 비유가 되었다.

예수님은 처음 "나를 따르라"라고 말씀하신 뒤로 그분의 백성을 향해 계속해서 떠나라고 명령하셨다. 모든 옛 체제를 떠나 그분이 여신 새 체제 속으로 들어오라고 명령하셨다. 상상의 거대한 이동이 이루어지려면 우리 사회에서 복음의 제자들이 거짓 약속과 폭력과 불안으로 가득한 군사적인 소비주의 전체주의 체제를 떠나야만 한다.

제2 이사야서가 "대로"를 상상하긴 하지만 이 떠남은 지리적인 것이 아니다. 이 떠남은 지리적인 의미가 아니다. 장소를 바꾸고도 여전히 똑같은 지배의 힘에 끌릴 수 있다. 이 소망의 진술들(도전, 확신, 대결, 떠남)은 모두 전례와 상상 차원의 떠남을 위한 전략들이다. 다른 충성에 따른 다른 준거기준 속에서 사는 것이 가능하다.

이제 제2 이사야서에 관한 이야기를 마무리하고자 한다. 이사야서 45-55장이 정전에 포함되었다고 해서 포괄적인 구절이라고 말할 생각은 없다. 그것은 특정한 시대와 장소, 특정한 제국 안의 특정한 공동체를 위한 말씀이다.

하지만 우리는 이 구절을 '성경' 곧 외부에서 주어졌으며 계속해서 주어지고 있는 선물로 받아들인다. 이런 이유로 나는 이 구절이 포괄적이지는 않지만 하나의 전형이어서 다른 시대와 장소에 구체적으로 적용할 수 있다고 생각한다. 결과적으로, 다음과 같은 결론을 내렸다.

상실 파악

슬픔 표현

새로움과 부르심의 소망

확신의 소망

대결의 소망

떠남의 소망

이 순서는 옛 예루살렘만큼이나 명백하게 실패한 도시 경제 속에서 복음주의 신앙을 실천하기 위한 한 방법이 될 수 있다. 이 순서로 나열한 이유는 우리가 처한 위기의 전형이기 때문이다. 이는 복음을 가리킬 뿐 아니라 우리 사회의 육체적 현실에도 적용된다고 믿어 의심치 않는다. 옛 것에서 새 것으로 나아가는 이 내러티브는 인간의 깊은 현실을 분명히 반영하고 있다.

문제가 정말 심각하다. 제국의 막대한 힘이 주변 사회의 실패를 부인한 채 계속해서 치명적인 일을 벌이고 있기 때문이다. 지금도 계속되고 있는 제국은 절망을 다루기 위해 상황을 축소하고 거짓 희망을 이야기하며 실패를 부인하는 데 전문적이다. 제국은 다른 의견과 다른 길을 절대 용납하지 않는다. 제국은 다음과 같은 모습을 보인다.

- '상실'을 단순히 일을 추진하기 위한 대가로 어긴다.
- '슬픔'이 조용히 표현되다가 그치기를, 혹은 아예 표현되지 않기를 바란다.
- '소망'을 헛된 꿈으로 치부한다.
- 안전과 행복에 대한 거짓 '확신'을 심어 준다.
- '대결'을 허용하지 않는 전체주의를 제시한다.
- 이미 목적지에 도착했다고 생각하여 '떠남'을 상상조차 하지 않는다.

초대의 전형으로서 이사야서는 다른 길을 이야기한다. 고레스를 포용한 것으로 보아 이 시는 로맨틱한 현실을 상상하지 않는다. 이 시는 제국의 영향력에 관해 알고 있으며, 고레스 아래서의 반대 제국이 친절하고 긍정적일 수 있다고 본다. 그래서 예루살렘의 시인들은 바사의 법을 대안으로 그렸다. 하지만 제국에 관한 말씀은 어디까지나 여호와의 법과 목적에 따라 읽어야 하며, 그러기 위해서는 소망과 떠남의 행위를 필요로 한다.

복음의 공공선을 이루기 위한 노력

그들은 떠났다. 최소한 일부는 떠났다. 아마도 다른 길을 원하는 엘리트들이나 광적인 종교인들이 떠났을 것이다. 그들은 어느 정도는 바벨론의 시각이 섞인 유대교의 주된 수호자들이 되었다. 그들은 제2 이사야서의 가락에 따라 춤을 추며 기쁘게 떠났다.

그런데 상상했던 고향 성에 돌아와서 보니 왕이나 성전, 벽, 경제는 없었다. 그들이 발견한 것은 난장판이었다. 그래서 그들은 바벨론에 있는 자들처럼 주저앉아 울었다 (시 137:1; 느 1:4). 슬픔은 아직 끝나지 않았다. 그렇게 운 뒤에 그들은 이사야서 56-66장, 즉 제3 이사야서로 들어갔다.

예레미야애가처럼 제3 이사야서에 관해서 많은 연구가 이루어지지 않았다는 사실은 뜻밖이다. 약속을 지키지 못한 서구 경제와 정부 속에서 새로운 신앙적 상황으로 볼 때 이사야서 56-66장의 회복이 예레미야애가의 회복만큼이나 중요하다고 믿는다.

이사야서 56-66장에서 뜻밖에도 공동체는 시급한 행동을 촉구하는 명령을 받는다. 이는 기본적으로 확신의 서술인 이사야서 40-55장의 시와 상반된다. '서술'에서 '명령'으로의 이동은 포로로 끌려갔던 사람들이 실패한 도시의 조직 속으로 다시 들어가서 다시 참여할 때 일어나는 일이다. 시인의 고향 행 대로로 떠난 그들은 단순히 고향에 돌아와 적응하고 정착할 수 없었다. 적응할 인프라 자체가 하나도 남아 있지 않았다. 그래서 이 시는 재건이라는 고된 작업으로 그들을 부른다. 이 재건이 이번 장의 핵심이다.

이사야서 56-66장을 우리 시대와 장소에 해석적으로 연결시켜 실패한 도시 경제 속에서 복음적 순종을 촉구하고자 한다. 하나냐가 예상한 것과 같은 '정상으로의 복귀'는 예전과 마찬가지로 없을 것이다(렘 28:3-4). 이제 필요한 것은 지역적 공공선의 행동이다. 인간 공동체를 지원하고, 모든 피조물이 번영하도록 생태계를 보호하는 행동이 필요하다. 물론 무엇이 필요한지 당시 그들이 미리 알지 못했던 것처럼 우리도 미리 알 수 없다. 이 성경 구절에서 우리가 알 수 있는 것은 안전지대에서 나와 과감한 사고와 단호한 행동을 하는 것이 필요하다는 사실이다.

한편, 여기서는 이사야서 56-66장을 길잡이로 다루지만 다른 성경 구절들과 다른 시각들이 다른 방향을 가리킨다는 것을 잘 안다.[17] 하지만 여기서는 이 구절에 관해서만 살펴볼 것이다. 이 비옥한 시에서 다음과 같이 다섯 가지 강조점을 발견할 수 있다.

첫째, 이사야서 56장 1-2절이다. 제3 이사야서는 56장 1-2절에서 시작된다. 롤프 렌드토르프(Rolf Rendtroff)는 이 구절을 전체의 주제 혹은 주된 문장으로 꼽는다.[18]

여호와께서 이와 같이 말씀하시기를 너희는 정의를 지키며 의를 행하라 이는 나의 구원이 가까이 왔고 나의 공의가 나타날 것임이라 하셨도다 안식일을 지켜 더럽히지 아니하며 그의 손을 금하여 모든 악을 행하지 아니하여야 하나

니 이와 같이 하는 사람, 이와 같이 굳게 잡는 사람은 복이
있느니라.

첫 번째 문장은 명령이다. "정의를 지키며 의를 행하
라." 이 문장은 이사야서 1장 21-26절에서 이어진 것이다.
이 도입부에서 시인은 예루살렘이 처음에 어떠했는지를 떠
올린다.

신실하던 성읍이 어찌하여 창기가 되었는고 정의가 거기
에 충만하였고 공의가 그 가운데에 거하였더니 이제는 살
인자들뿐이로다(사 1:26).

시인은 이 도시의 "후"를 기다린다.

내가 네 재판관들을 처음과 같이, 네 모사들을 본래와 같이
회복할 것이라 그리한 후에야 네가 의의 성읍이라, 신실한
고을이라 불리리라 하셨나니(사 1:21).

56장의 구절은 재건된 "후"에 관한 것이다. 이 명령은

하나님의 구원에 대한 확신을 근거로 한다. 정의와 공의의 새로운 성으로 가는 길의 첫 번째 단계는 악을 피하라는 포괄적인 명령과 안식일을 지키라는 언약의 계명이다. 제국에 익숙해져 있는 사람들에게 안식일의 쉼이야말로 가장 시급하면서도 어려운 명령일 것이다. 제국은 쉼 없는 생산성에 의존하기 때문이다. 이 시의 포문을 여는 명령은 제국에서 해방되라는 것이다.

둘째, 이사야서 56장 3-8절은 다음과 같다. 재건에서 첫 번째 난관은 '구성원'을 정하는 일이다. 누가 소속될 것인가? 누구를 탁자에 앉힐 것인가? 누구에게 발언권을 줄 것인가? 누가 중요한가?

'순수한 유대인들'의 공동체를 상상한 이들이 있었다. 에스라의 축제에서 이 전통을 볼 수 있다. 하지만 여기서는 아니다. 여기서는 "순수한 씨앗"이 없는 이방인들과 "좋은 생식기"가 없는 내시들도 포용해야 한다는 다른 주장이 나타난다.[19]

여호와께서 이와 같이 말씀하시기를 나의 안식일을 지키며 내가 기뻐하는 일을 선택하며 나의 언약을 굳게 잡는 고자들에게는 내가 내 집에서, 내 성 안에서 아들이나 딸보다 나은 기념물과 이름을 그들에게 주며 영원한 이름을 주어 끊어지지 아니하게 할 것이며 또 여호와와 연합하여 그를 섬기며 여호와의 이름을 사랑하며 그의 종이 되며 안식일을 지켜 더럽히지 아니하며 나의 언약을 굳게 지키는 이방인마다 내가 곧 그들을 나의 성산으로 인도하여 기도하는 내 집에서 그들을 기쁘게 할 것이며(사 56:4-7 전반부).

이는 원하는 사람은 누구나 재건 사업으로 환영하는 모습을 상상하는, 실로 놀라운 주장이다.

인프라가 무너지면 구성원 자격에 관한 의문이 터져 나오는 것은 당연한 일이다. 내가 아는 모든 교회는 모든 종류의 "이방인들"의 교인 자격을 놓고 논쟁을 벌인다. 모든 종류의 '이민자들'에 관한 논쟁도 치열하다. 물론 이런 문제는 우리가 논의하는 문제와 똑같지는 않지만 서로 연관이 없지는 않다.

포용의 조건이 있지만 그리 엄격하지는 않다. 포용의 조건은 "언약을 굳게 지키는" 것이다. 즉 이웃처럼 구는 것이다. 뜻밖에도, 안식일을 지켜야 한다는 조건도 있다. 안식일은 제국의 생산 시스템 밖, 삶의 주요 지표이기 때문이다. 사도행전 15장의 결정처럼 조건들이 있다. 하지만 사도행전 15장처럼 많은 사람을 포용하는 것이 원칙이다. 포용의 범위가 더없이 크다.

> 내 집은 만민이 기도하는 집이라 일컬음이 될 것임이라(사 56:7 후반부).

이 집의 주인이신 하나님은 '많은 사람을 모으시는 분'이다.

> 이스라엘의 쫓겨난 자를 모으시는 주 여호와가 말하노니 내가 이미 모은 백성 외에 또 모아 그에게 속하게 하리라 하셨느니라(사 56:8).

나중에 하나님은 식탁을 차리고서 이렇게 말씀하실 것이다. "동과 서, 북과 남에서 와서 주의 식탁 주위로 모이라."

재건 작업에서 구성원 문제는 반드시 재고해야 한다.

구성원 자격에 관한 옛 기준들은 더 이상 적합하지 않기 때문이다.

셋째, 이사야서 58장 1-4절은 다음과 같다. 구성원의 기준은 '예배'를 위한 것이어야 한다. 예배가 중요하다. 예배는 새로운 통치에 반응하는 공동의 상상 행위이기 때문이다. 예배는 현실을 새로운 방식으로 읽게 만든다. 예배가 이토록 중요하니 이 예배에 관한 논의가 포함된 것은 너무도 당연한 일이 아니다.

이 논의에서 형식을 따지는 성공회, 사나운 장로교, 고집스러운 침례교, '형식'을 갖추지 않는다면서 '비형식'의 형식을 고집하는 퀘이커교의 모습을 다 볼 수 있다. 하지만 시인은 설령 전통에서 벗어나더라도 예배의 변화가 필요하다고 주장한다. 시인은 전통적인 예배가 자기중심적인 면이 너무 많다고 지적한다. 이는 바로 이웃 사랑을 거스르는 행동이다.

> … 보라 너희가 금식하는 날에 오락을 구하며 온갖 일을 시키는도다 보라 너희가 금식하면서 논쟁하며 다투며 악한 주먹으로 치는도다 너희가 오늘 금식하는 것은 너희의 목

소리를 상달하게 하려는 것이 아니니라(사 58:3-4).

이 예배는 자기중심적이다. 제국의 허를 찌르신 하나님이나 외면당하는 이웃들은 안중에도 없다. 물론 우리는 이시인이 추천하는 새로운 예배를 잘 알고 있다.

내가 기뻐하는 금식은 흉악의 결박을 풀어 주며 멍에의 줄을 끌러 주며 압제 당하는 자를 자유하게 하며 모든 멍에를 꺾는 것이 아니겠느냐 또 주린 자에게 네 양식을 나누어 주며 유리하는 빈민을 집에 들이며 헐벗은 자를 보면 입히며 또 네 골육을 피하여 스스로 숨지 아니하는 것이 아니겠느냐(사 58:6-7).

하지만 앞선 구절들을 읽지 않고서는 이 구절의 통렬함을 제대로 느낄 수 없다. 새로운 예배는 가장 본질적인 종류의 이웃 사랑을 실천하는 것이다. 새로운 예배는 기득권층과 취약계층을 나란히 보면서 가진 자들과 갖지 못한 자들을 하나로 묶어 줄 경제적 태도를 촉구하는 것이다. 여기서 강세는 실천에 있다. 그런 의미에서 예레미야의 놀라운 진술과 맥을 같이 한다.

> 네가 백향목을 많이 사용하여 왕이 될 수 있겠느냐 네 아버지가 먹거나 마시지 아니하였으며 정의와 공의를 행하지 아니하였느냐 그때에 그가 형통하였었느니라 그는 가난한 자와 궁핍한 자를 변호하고 형통하였나니 이것이 나를 앎이 아니냐 여호와의 말씀이니라(렘 22:15-16).

하나님을 아는 것은 곧 이웃을 인정하는 것이다. 하나님에 대한 사랑은 곧 이웃에 대한 사랑이다(요일 4:20-21). 물론 이것을 일반적인 진보주의로 볼 수 있다. 하지만 그보다 더 급진적이다. 이것은 하나님에 대한 사랑이 생각이나 경건이 아닌 실천을 통해 이루어진다는 주장이다. '하나님에 대한 지식'이 관계적인 것이라는 주장이다. 존 칼빈(John Calvin)은 이 점을 분명히 알고 있었다. "하나님에 대한 모든 옳은 지식은 순종에서 비롯한다."[20]

이 놀라운 성경 구절에서 내가 주목한 또 다른 점은 '조건-결과'의 언어적 구조가 반복된다는 것이다.

이사야서 58장 6-9절 전반부에서 올바른 금식이라는

'조건'이 함축되어 있다. '결과'는 순종하는 백성들에 대한 하나님의 임재와 응답이다.

9절 후반부부터 12절에서는 이중 '조건'이 나타난다. 즉 무거운 멍에가 언급되는데 이는 6절과 7절을 가리킨다. 이어지는 '결과'는 성의 재건에 대한 하나님의 인도하심이다.

> … 네 빛이 흑암 중에서 떠올라 네 어둠이 낮과 같이 될 것이며 여호와가 너를 항상 인도하여 메마른 곳에서도 네 영혼을 만족하게 하며 네 뼈를 견고하게 하리니 너는 물 댄 동산 같겠고 물이 끊어지지 아니하는 샘 같을 것이라 네게서 날 자들이 오래 황폐된 곳들을 다시 세울 것이며 너는 역대의 파괴된 기초를 쌓으리니 너를 일컬어 무너진 데를 보수하는 자라 할 것이며 길을 수축하여 거할 곳이 되게 하는 자라 하리라(사 58:10-12).

13-14절에는 큰 승리의 '결과'가 나타난다. 앞서 말한 세 가지 '조건'은 행복이라는 하나님의 선물이 이웃을 위한 공동체의 행동에 달려 있음을 보여 준다. 이웃을 생각하는 예배가 선행되어야 다른 모든 것을 얻을 수 있다. 여기서

예배는 별개의 부분이 아니라 이웃 회복과 재건이라는 큰 차원의 한 요소로 제시된다.

넷째, 이사야서 61장 1-4절은 다음과 같다. 여기서 중요한 단어는 '경제'이다. 이 익숙한 구절들은 "여호와의 은혜의 해"와 "우리 하나님의 보복의 날"을 다룬다.

> 주 여호와의 영이 내게 내리셨으니 이는 여호와께서 내게 기름을 부으사 가난한 자에게 아름다운 소식을 전하게 하려 하심이라 나를 보내사 마음이 상한 자를 고치며 포로 된 자에게 자유를, 갇힌 자에게 놓임을 선포하며 여호와의 은혜의 해와 우리 하나님의 보복의 날을 선포하여 모든 슬픈 자를 위로하되(사 61:1-2).

여기서 관심의 대상은 가난한 자, 마음이 상한 자, 포로된 자, 갇힌 자이다. 성경의 여러 부분을 통해 이런 표현이 이웃 사랑의 요구사항들에 맞추는 희년에 관한 것임을 알 수 있다.

따라서 구성원, 예배와 함께 재건의 세 번째 과제는 경제적 변화이다. 희년과 해방의 해에 관한 옛 가르침은 부자와 가난한 자, 채권자와 채무자가 전통적인 경제 구조와 달리 공통의 운명으로 묶여 있다는 가정에서 비롯한다. 이사야의 비판에 따르면 옛 예루살렘은 강자가 약자를 지배하는 전통적인 경제 구조를 따라왔다. 이사야는 세 개의 '대신'으로 표현된 다른 미래, 곧 다른 길을 주장한다.

> 무릇 시온에서 슬퍼하는 자에게 화관을 주어 그 재를 '대신하며' 기쁨의 기름으로 그 슬픔을 '대신하며' 찬송의 옷으로 그 근심을 '대신하시고' 그들이 의의 나무 곧 여호와께서 심으신 그 영광을 나타낼 자라 일컬음을 받게 하려 하심이라(사 61:3).[21]

3절의 '대신'은 4절의 재건으로 이어진다.

> 그들은 오래 황폐하였던 곳을 다시 쌓을 것이며 옛부터 무너진 곳을 다시 일으킬 것이며 황폐한 성읍 곧 대대로 무너져 있던 것들을 중수할 것이며.

이사야서 56장의 구성원 자격에 관한 시는 옛 말씀을

반박하는 것처럼 보이는 데 반해, 이 시는 옛 말씀을 인용하고 긍정한다. 이사야서의 이 모든 구절은 하나로 합쳐져 전통을 새로운 방향으로 변화시키는 아름답고 유연한 상상의 흐름을 이룬다. 이 말씀은 예루살렘 성의 난장판을 새롭게 재건하는 일에 적극적으로 참여하라는 초대요 부름이다.

다섯째, 이사야서 65장 17-25절은 다음과 같다. '정의', '구성원', '예배', '경제'에 관한 이 네 개의 명령 이후 새 하늘과 새 땅에 관한 위대한 시적 비전이 나타난다. 이 명령들이 시급하지만 어디까지나 '비전'의 틀 안에서 이루어져야 한다.

이사야서 65장의 비전은 하늘, 땅, 예루살렘에 대한 영광스러운 가능성을 담고 있다. 단, 이 시에서 나타나는 새로움은 철저히 공적이고 물질적이다. 내 판단에 이 비전의 시급성은 전체주의와 현상 유지를 위해 비전을 오용하는 제국의 능력에 대한 해독제로 보인다. 이사야서 56-66장은 이 비전이 평범하지 않지만 평범한 사람들의 적극적이고 생산적인 참여를 필요로 한다고 말한다.

상실, 슬픔, 소망을 지나 행동으로

이 구절을 우리 시대와 장소에 적용한 것은 현대 세상에서 복음적인 순종을 위한 길잡이를 얻기 위함이다. 힘의 제국을 자기안보와 통제의 정치적, 경제적, 군사적, 이데올로기적 관행으로 이해한다면 그 제국은 실로 우리 주변에 만연해 있다.[22] 쉽지 않은 일이지만 시인들은 제국 너머의 삶을 상상해야만 한다.

물론 시인들은 시인이기에 결코 목적지에 도달하지 못한다. 목적지에 도달한 시라면 이미 '시'가 아니라 '프로그램'이다. 하지만 그렇다고 해서 시를 실패라거나 부적합한 것으로 여길 수는 없다. 제국의 치명적인 환원주의에 대한 대안으로 나아가려면 상상과 용기, 끈기가 반드시 필요하다.

고대 세상에서는 옛 예루살렘을 버리고 새 예루살렘을 받아들이는 일이 필요했다. 그때만큼이나 지금도 이런 '버림'과 '받아들임'이 필요하다. 사람들은 성령의 인도하심을 받는 시인들의 진두지휘 하에 이 일을 하게 될 것이다.

이사야서 1장 26절 이후로 기쁜 소식은 무너진 성의 '후'

가 있다는 것이다. 시인들은 우리에게 그런 '후'를 받아들이는 법을 가르쳐 준다. 그 방법은 바로 상실, 슬픔, 소망을 지나 결국 행동에 나서는 것이다.

이 책의 내용은 내가 2008년 리젠트대학(Regent College) 랭강연회(Laing Lectures)에서 전한 내용이다. 그 강연회를 생각하면 지금도 미소가 떠오른다. 존 스택하우스(John Stackhouse)와 홀리 레일(Holly Rail)이 감사하게도 그 행사를 주최해 주었다. 다른 스텝들과 학생들의 환대에도 감사했다. 특히 강연회가 이루어질 수 있도록 금전적인 부분을 채워 준 기부자 로저 랭(Roger Laing)의 참석이 감사했다.

리젠트대학에서 '최종 형태'로 완성해서 소개하기 전에 여러 배경에서 이 강의 자료를 사용했다. 당연히 이 책에서 초기 강의들의 흔적을 볼 수 있다. 특히 2장을 보면 우리 교회인 미국연합그리스도교회(United Church of Christ)의 총회에서 전한 초기 강의 흔적이 두드러지게 나타난다.

늘 그렇듯이 이 책의 구성과 형식을 완성해 준 티아 폴리(Tia Foley)와 이 책의 초판 편집자인 WJK(Westminster John Knox Press)출판사의 존 버퀴스트(Jon Berquist)에게 감사를 전한다. 이 개정판에 대해서는 이 책을 다시 낼지에 관해 신중한 분별력을 발휘해 준 줄리 멀린스(Julie Mullins)에게 감사한다.

미국연합그리스도교회에서 함께 사역하는 크리스 그레이엄(Chris Graham)에게 이 책을 바치고 싶다. 그는 복음의 사역에 걸맞은 기쁨과 용기, 정직, 자유를 갖춘 사람이다. 동역자요 변함없는 친구로서 그에게 감사한다.

주

프롤로그

1. James C. Scoot, *Against the Grain : A Deep Hiostory of the Earliest States*(New Haven, CT : Yale University Press, 2017), 제임스 스콧, 《농경의 배신》(책과함께 역간).

2. William Williams, "Guide Me, O Thou Great Jehovah," *Glory to God* (Louisville, KY: Westminster John Knox Press, 2013), 65.

Chapter 1

1. 하나님에 관한 구약의 기록에서 혼란스러운 점들에 관해 더 알고 싶다면 이 책들을 보시오. Regina M. Schwartz, *The Curse of Cain: The Violent Legacy of Monotheism* (Chicago: University of Chicago Press, 1997); and Marvin A. Sweeney, *Reading the Hebrew Bible after the Shoah: Engaging Holocaust Theology* (Minneapolis: Fortress Press, 2008).

2. James Kugel, *The God of Old: Inside the Lost World of the Bible* (New York: Free Press, 2003), 인간의 절규와 성경의 하나님의 성품 사이의 연관성을 다룬 5장을 보시오.

3. 정치적 · 경제적 균형에 관한 분석에서 애굽의 피라미드를 언급한 책에는 Peter L. Berger, *Pyramids of Sacrifice* (New York: Basic Books, 1975)가 있다.

4. Erik Erikson, *Identity and the Life Cycle: Selected Papers* (New York: International Universities Press, 1959), 55-65.

5. Daniel McGinn, *House Lust: America's Obsession with Our Homes* (New York: Doubleday, 2008).

Chapter 2

1. paradigmatic이란 용어는 Erich Voegelin, *Order and History*, vol. 1, *Israel and Revelation* (Baton Rouge: Louisiana State University Press, 1956), 12-22에서 실용적이고 실증주의적이고 비평적인 역사와 대비되어 사용되었다. 이스라엘 전통의 같은 특성에 대해 David Weiss Halivni는 자신의 저작에서 '실용적인'이란 표현을 사용했다. Peter Ochs, "Talmudic Scholarship as Textual Reasoning: Halivni's Pragmatic Historiography", *Textual Reasonings: Jewish Philosophy and Text Study at the End of the Twentieth Century*, Peter Ochs와 Nancy Levene 편집 (Grand Rapids: Eerdmans, 2002), 120-143을 보시오. 이 주제를 더 광범위하게 다룬 저작은 Yosef Hayim Yerushalmi, *Zakhor: Jewish History and Jewish Memory* (Seattle: University of Washington Press, 1982)을 보시오.

2. James L. Kugel, *The God of Old: Inside the Lost World of the Bible* (New York: Free Press, 2003), 109-136.

3. Jon D. Levenson, *The Hebrew Bible, the Old Testament, and Historical Criticism* (Louisville, KY: Westminster John Knox, 1993), 127-159는 출애굽 내러티브를, 이스라엘의 주장 이상으로 받아들여 그 특수성을 없애는 것에 대해 경고했다. 그럼에도 그는 이 내러티브를 다른 배경들에서 추론적으로 사용하는 것에 대해서는 인정하고 있다.

4. 정책의 근거로서 신명기에 관해서는 Norbert Lohfink, "Distribution of the Functions of Power", *Great Themes from the Old Testament*, Ronald Walls 번역 (Edinburgh: T. & T. Clark, 1982), 55-75과 S. Dean McBride, "Polity of the Covenant People: The Book of Deuteronomy", *Constituting the Community: Studies on the Polity of Ancient Israel in Honor of S. Dean McBride Jr.*, John T. Strong and Steven S. Tuell 편집 (Winona Lake, IN: Eisenbrauns, 2005), 17-33을 보시오

5. 곡식, 기름, 포도주는 당시 농부들의 주된 생산품이었을 가능성이 높다. 하지만 부가 도심으로 흘러가는 경제 시스템에서 정작 노부들은 환금작물 생산에서 별다른 이익을 얻지 못했다.

6. 물론 하나님의 사랑이 이웃 사랑으로 전환되는 것은 요한복음 4장 20-21절에 명시되어 있다. 하지만 이 전환은 예레미야 22장 15-16절에서 예상되었다. 이 구절은 "여호와를 아는 것"을 가난하고 어려운 사람들을 향한 정의

와 동일시하고 있다. 다 같은 이야기다!

7. Michael Walzer, *Exodus and Revolution* (New York: Basic Books, 1985), 149.

8. Philip P. Jenson, "Graded Holiness: A Key to the Priestly Conception of the World", Journal for the Study of the Old Testament: Supplement Series 106 (Sheffield: JSOT Press, 1992)를 보시오.

9. 나는 "The Tearing of the Curtain (Matt. 27:51)", *Faithful Witness: A Festschrift Honoring Ronald Goetz*, Michael J. Bell, H. Scott Matheney, Dan Peerman 편집 (Elmhurst, IL: Elmhurst College, 2002), 77-83에서 성전과 비행기에 관한 이 비유를 제안했다.

10. 솔로몬에 관한 다음 내용은 Walter Brueggemann, *Solomon: Israel's Ironic Icon of Human Achievement* (Columbia: University of South Carolina Press, 2005)를 보시오.

11. 사회 건설에서 시인의 결정적인 역할에 관해서는 Walter Brueggemann, *Finally Comes the Poet: Daring Speech for Proclamation* (Minneapolis: Fortress Press, 1989)을 보시오. 월터 브루그만, 《마침내 시인이 온다》(성서유니온선교회 역간).

12. 우리 국가 역사 속에 흐르는 이웃 사랑의 길에 관해서는 Robert N. Bellah, *The Broken Covenant: American Civil Religion in Time of Trial* (New York: Seabury, 1975)을 보시오.

Chapter 3

1. Brevard S. Childs, *Introduction to the Old Testament as Scripture* (Philadelphia: Fortress Press, 1979), 311-38; Ronald Clements, "The Unity of the Book of Isaiah", *Interpretation* 36 (1982): 117-29; Rolf Rendtorff, *Canon and Theology: Overtures to an Old Testament Theology*, Margaret Kohl 번역 및 편집 (Overtures to Biblical Theology; Minneapolis: Fortress Press, 1993), 146-69

2. John F. A. Sawyer, *The Fifth Gospel: Isaiah in the History of Christianity* (Cambridge: Cambridge University Press, 1996).

3. Brevard S. Childs, *The Struggle to Understand Isaiah as Christian Scripture* (Grand Rapids: Eerdmans, 2004).

4. Childs, 291-98.

5. Robert Louis Wilken, *Isaiah Interpreted by Early Christian and Medieval Commentators* (The Church"s Bible; Grand Rapids: Eerdmans, 2007). Jason Byassee, *Praise Seeking Understanding: Reading the Psalms with Augustine* (Grand Rapids: Eerdmans, 2007)는 시편에 관해서도 비슷한 주장을 펼친다.

6. 이는 폴 리꾀르(Paul Ricoeur)의 "두 번째 순진함(second naiveté)"과 같은 맥락이다. 이 개념은 Mark I. Wallace, *The Second Naiveté: Barth, Ricoeur, and the New Yale Theology* (Macon, GA: Mercer University Press, 1990)에서 볼 수 있다.

7. Gerhard von Rad, *Old Testament Theology*, D. M. G. Stalker 번역 (New York: Harper & Row, 1965), 2:147-76과 Robert R. Wilson, *Prophecy and Society in Ancient Israel* (Philadelphia: Fortress Press, 1980), 253-95의 체계적인 진술들을 보시오.

8. 여기서 나는 '촉구'를 표현을 일부러 선택했다. Brevard Childs, *Isaiah: A Commentary* (Old Testament Library; Louisville, KY: Westminster John Knox, 2001), 5, 58, 91, 94, 102에서는 이 텍스트의 촉구함에 대해 반복적으로 '강요'라는 표현을 사용한다. 하지만 나는 그 표현이 너무 강하고 이 텍스트는 단지 상상적 도약이 바람직하다는 뉘앙스를 갖고 있는 것으로 판단하여 '권하다'란 표현을 사용했다.

9. 신약에서 예루살렘의 역할은 복합적이다. 여기서 그 궤적을 다 다룰 수는 없다. 다만 예수님이 예루살렘 성을 보며 우신 것과 신약의 끝에서 새 예루살렘에 관한 예언이 나오는 것으로 보아 구약과 마찬가지로 신약도 이 성

의 균열을 상상하고 있다는 점만큼은 분명하다.

10. 내 동료 캐슬린 오코너(Kathleen O'Connor)는 외상 후 스트레스 증후군과 관련해서 심판과 약속의 예언적 계시들을 연구했다. 그런 배경에서 '진노'의 시들은 말할 수 없는 상실을 겪은 공동체의 대응 전략으로 이해할 수 있다. Kathleen M. O'Connor, *Jeremiah: Pain and Promise* (Minneapolis: Fortress Press, 2011)을 보시오.

11. Marvin A. Sweeney, *Isaiah 1–4 and the Post-Exilic Understanding of the Isaianic Tradition* (Beihefte zur Zeitschrift für die alttestamentliche Wissenschaft 171; Berlin: de Gruyter, 1988.

12. Norman K. Gottwald, "Social Class and Ideology in Isaiah 40-55: An Eagletonian Reading", *The Bible and Liberation: Political and Social Hermeneutics*, Norman K. Gottwald와 Richard A. Horsley 편집 (rev. ed.; Maryknoll, NY: Orbis, 1993) 329-42와 Patricia Tull Willey, *Remember the Former Things: The Recollection of Previous Texts in Second Isaiah* (Society of Biblical Literature Dissertation Series 161; Atlanta: Scholars Press, 1997)을 보시오.

13. Gottwald, "Social Class and Ideology in Isaiah 40-55," 329-42.

14. 이스라엘의 탄식과 저항에 관해서 새롭고도 포괄적인 논의를 보고 싶다면 William S. Morrow, *Protest against God: The Eclipse of a Biblical Tradition* (Sheffield: Sheffield Phoenix Press, 2007)을 보시오.

15. 이 수수께끼 같은 마지막 구절에 관해서는 Tod Linafelt, *Surviving Lamentations: Catastrophe, Lament, and Protest in the Afterlife of a Biblical Book* (Chicago: University of Chicago Press, 2000), 60-61을 보시오.

16. 침묵의 치명적인 결과에 관해서는 Walter Brueggemann, "Voice as Counter to Violence", *Calvin Theological Journal* 36 (April 2001): 22-33을 보시오.

17. Paul D. Hanson, *The Dawn of Apocalyptic* (rev. ed.; Philadelphia: Fortress Press, 1979)는 이 텍스트에서 나타나는 상충하는 해석의 목소리들을 탐구하고 있다.

18. Rolf Rendtorff, "Isaiah 56:1 as a Key to the Formation of the Book of Isaiah", *Canon and Theology*, 181-89.

19. Frederick Gaiser, "A New Word on Homosexuality? Isaiah 56:1-8," *Word & World* 14 (1994): 280-93을 보시오.

20. John Calvin, *Institutes of the Christian Religion* 1.6.2 (ed. John T. McNeill;

trans. Ford Lewis Battles; 2 vols.; Library of Christian Classics 20; Philadelphia: Westminster, 1960), 1:72. 존 칼빈, 《기독교 강요》. Abraham Heschel, *Who Is Man?* (Stanford: Stanford University Press, 1965), 111도 같은 말을 하고 있다 : "나는 명령을 받았다…그래서 나는.", 아브라함 헤셸, 《누가 사람이냐?》(한국기독교연구소 역간).

21. 이 구절의 3개의 '대신'은 3장 24절의 다섯 개의 부정적인 '대신'과 대구를 이룬다. 의도적이든 아니든 이 두 집합의 병치는 이사야 드라마의 구조를 잘 보여 준다.

22. "힘의 제국"에 관해서는 James Boyd White, *Living Speech: Resisting the Empire of Force* (Princeton: Princeton University Press, 2006)을 보시오.

JOURNEY
TO THE
COMMON GOOD